池上彰の未来予測

After 2040

池上 彰
Akira Ikegami

主婦の友社

contents

［序章］未来を考えるための今と昔の話

Chapter 01 仕事編

～未来でも必要とされる人となるために～

Chapter 02 教育編
～未来を生きるわが子に必要なこと～

contents

Chapter 03

日本は大丈夫なのだろうか？

自然災害編

～災害大国日本で生き残るために～

contents

Chapter 04

暮らし編

どうしてこんなに物価が上昇したのか? 204

〜経済・少子高齢化は改善されるのか？〜

contents

Chapter 05 健康編 ～生きるということ～

[終章]

明るい未来は自分でつくる

2040

After

「序章」未来を考えるための今と昔の話

たったの16年で社会は大きく変わる

社会の変化のスピードが速い時代になりました。**今から16年後の２０４０年の日本はどうなっているのか、あなたは想像したことがありますか。**

逆に過去を振り返ってみましょう。16年前の２００８年には、何が起きていたのでしょうか。

2008年といえば、日本で初めてアメリカApple社製の「iPhone 3G」が発売された年です（アメリカでの発売は07年）。

それまで日本国内では、今「ガラパゴス携帯（ガラケー）」などと呼ばれている携帯電話が圧倒的シェアを誇っていました。そのため「iPhoneなどのスマートフォン（スマホ）は、日本では受け入れられないだろう」などと評する人もいました。実際、08年に日本で最も売れた携帯電話は、「ワンセグ」機能（テレビ番組を視聴できる機能）がついたパナソニックグループ社製のVIERA携帯「P905i」（NTTドコモ）でした。

しかしこの08年を境に、日本でもスマホが爆発的に普及していきます。

今はスマホひとつで、高画質な写真も動画も撮れるし、大容量のデータの動画も視聴できるし、音質のいい音楽も聴けます。電子マネー、交通系ICカード機能、GPS機能、歩数計や心拍数測定機能なども備えています。この16年で、スマホでできることはどんどん広がり続け、私たちの生活も様変わりしました。

08年は、固定電話とファックスも多くの家庭にありました。固定電話とファックスの世帯保有率が低下に転じるのは09年のことです。当時SNSは、日本発の「mixi」「GREE」（ともに04年誕生）の全盛期でしたが、現在は海外発のSNS、特に「Inst agram」や「TikTok」が隆盛で、日本製SNSの利用者は激減しています。08年からの16年間でもこれだけ大きな変化が起きたわけですから、今からの16年間は、さらに変化が加速していくでしょう。

そんな16年後に、あなたは何をしているでしょうか？

あなたが今40歳なら、56歳。定年退職間近かもしれません。あなたの子どもが今10歳なら、26歳。就職して数年、仕事にも慣れ、バリバリと働いている頃でしょうか。

しかしその想像も、今までの日本の雇用形態が16年後も維持されていればの話です。終身雇用制、定年制、新卒一括採用などは、今後どんどん見直しが進むでしょう。

2040年の日本は、これまでの私たちの経験からくる想像が、まったく通用しない未来を迎えているかもしれません。

世界的なデジタル化に乗り遅れた残念な日本

携帯電話の主流がスマホになる以前は、日本の電機メーカーには勢いがありました。日本の電機メーカーは1990年代を中心に、テレビ、ビデオデッキ、音楽プレイヤー、カメラ、ビデオカメラ、家庭用ゲーム機など、**多くの電化製品のジャンルで世界のトップシェア**を誇っていました。

ところがスマホが出てきた途端、そのさまざまな電化製品の機能が、手のひらに収まるサイズのスマホひとつにすべて入ってしまい、日本の電機メーカーも失速していきました。

今は若者だけでなく多くの人々が、ニコンやキヤノン、ソニーなどのデジタルカメラを買いません。スマホで手軽に写真を撮ることができるうえに、場合によってはスマホのほうがよほどきれいな写真を撮れるということもあります。

動画も、かつてはビデオカメラがなければ撮れませんでしたが、今はスマホやタブレットのカメラで高精度な動画が撮れます。最近では私のテレビ番組の海外ロケに同行したディレクターが、スマホで撮影したりしています。全編を通してスマホだけで撮影したという映画も登場しています。動画をネット上へアップロードするのも、スマホひとつでできるようになりました。

日本の電機メーカーは、高度経済成長期以降の成功体験にとらわれている間に、世界的なIT化・デジタル化の波に乗り遅れてしまったのです。

変化していく未来に対応し、よりよい未来を迎えるためには、「成功体験にとらわれない」ことが大切だとわかります。イギリスの経済学者であるケインズは、**「この世でいちばん難しいことは、新しい考えを受け入れることではない。古い考えを忘れることだ」**という名言を残しています。まさにそのとおりです。

現在の日本企業の経営者は高齢の男性ばかり

成功体験にとらわれて失敗してしまう人は、**要するに「成功体験を持っている人」**で

す。成功体験を持っていなければ、とらわれようがないわけですから。

そして日本企業のトップの多くが、成功体験を積んできたであろう高齢の男性ばかりです。世界の主要企業を対象にした「2018年CEO承継調査」（PwCストラテジー&調べ）でも、新任CEOの世界平均53歳に対し、日本の新任CEOの中央年齢は60歳で、その高年齢が際立っています。

アメリカの電気自動車（EV）の製造販売会社「テスラ」CEOで、宇宙事業も進め、Twitterの買収や「X」への社名変更などで世間を騒がせているイーロン・マスクは、71年生まれで今年53歳となります。彼を見ていても、やはり若いうちから「こんなことをやりたい、デジタルでこんなことができるんじゃないか」などと**新しいことへの挑戦を繰り返してきた経営者こそ、革新的なものを生み出せる**のかなと思います。

多くの日本企業のように、60歳前後のITに疎いおじさんがトップにいれば、そして経営陣もおじさんばかりで女性や若者が少なければ、その業績が停滞して落ち込んでいくばかりというのは当然でしょう。だからこそ今、日本社会には多様性が求められています。2040年に明るい未来を迎えるためにも、大胆な変革が必要になっているのです。

私は元来、楽観主義者ですから、これは一方で大きなチャンスだと考えています。

長い不況や就職氷河期を経験してきた今の40代や、いわゆる「ゆとり教育」を受けて自由な発想が強みの30代から20代、生まれたときからスマホやSNSが身近にあった「デジタルネイティブ」な10代の人たちこそ、高度経済成長期やバブル期などの成功体験に縛られることなく、新しいことにどんどん挑戦できる、日本の停滞を脱却するカギを握っていると思うのです。

時代に取り残される人たちの特徴

今まさに、アメリカ企業のオープンAIが開発した「チャットGPT」のような生成AIが世に出てきて、「人間の仕事がAIに奪われるのでは」という懸念を抱く人が増えています。

この変化は、幸か不幸か、不可逆的です。今後、AIのない世界には戻らないでしょう。そのような世界で、頑なに現状に固執してしまい変化に対応できない人は、時代に取り残される人、未来に必要とされない人になってしまいます。

ここに、未来予測の意味があります。未来予測は外れることも多々ありますが、「こうなるのでは？」と事前にあれこれ予測しておくことで、人は変化に対する心構えや準備ができるはずです。

時代の変化に取り残されてしまう人と、取り残されずにスムーズに順応できる人の違いは、好奇心があるかどうかです。

たとえば私の同級生で74歳の知人の中には「メールなんてやったことがない」と言い、令和の今もメールの送受信ができない人もいます。彼に連絡をとるときは、いまだに電話かファックスです。50代や60代のときに思い切って挑戦しなかったから、出遅れてしまい、今さら挑戦する気も起きないのでしょう。

新しいものが出てきたときに、「面白そうだな」「ちょっと試しにやってみようかな」と思う好奇心は、やはり必要です。

好奇心を持って新しいことに挑戦しないと、老け込んでしまうし、老け込むと好奇心が失われる、という悪循環にも陥ります。その逆に、いつまで経っても若い印象を与える人は、気持ちが若いから好奇心も持てるし、好奇心があるから気持ちも若々しくなっていく、という好循環の中にいると思うのです。

とはいえ私も、「ガラケーのほうが慣れていて便利だ」とスマホに乗り換えるのが遅かったクチなので、あまり偉そうなことは言えないのですが……。

スマホとガラケーの2台持ちをしつつ、ついついガラケーのほうばかりを使っていた2019年頃、授業を受け持っていた東京工業大学（東工大）のある学生に「先生、まだガラケーを使っているんですか？」と呆れられたことがきっかけで、ようやくガラケーを手放すことができました。

メッセージアプリのＬＩＮＥ（ライン）も、「既読スルー（メッセージを読んで既読マークがついているのに返信しないこと）」を気にしてすぐに返事をしなければいけないことなどが嫌で、できれば使いたくなかったのですが、仕事相手などから「ラインじゃないと連絡ができません」と言われ、しぶしぶ始めました。

そう考えると、私が新しいことに挑戦できたきっかけは、若い人たちと仕事などでの交流があったからだともいえます。多様な人間関係を持っているからこそ、新しいことに挑戦するきっかけが自然と生まれるわけですね。

そういう意味で、時代に取り残されないためには、**できる限り多様な人間関係を構築し、社会との接点を維持し続けることも大切**だといえます。

「フェーズが変わる」未来予測の難しさ

未来を予測するということにはさまざまな難しさがありますが、とりわけ難しいのは、突然「フェーズ（局面）が変わる」事態に関する予測です。先ほど挙げたスマホの普及も、「フェーズが変わる」未来をもたらしました。

私たちは未来を、過去や現在の延長線上に考えがちです。来年や再来年なら、ある程度延長線上で考えても差し支えないでしょう。しかし今から16年も先の２０４０年となると、これだけ変化の激しい世の中で、「延長線上」で予測できた範囲の未来だけが訪れるとは思えません。どこかで突然フェーズが変わってしまうことが、必ずあるはずです。

その**「フェーズが変わる」事態を予測するのが、とても難しい**のです。

たとえば、新型コロナウイルスによるパンデミック（感染爆発）の到来も、それによってオンライン会議やテレワークなどの新しい働き方が日本で急速に広がることも、予測できた人はいないでしょう。

もちろんパンデミック自体は、歴史を振り返ればペストやインフルエンザなどで似たようなことが起きていて、「近い将来、未知のウイルスによるパンデミックが起きるだろう」と警鐘を鳴らしていた学者もたくさんいました。しかしそのパンデミックが、いつどんな形で起きるのか、実際に起きるまでは予測がつきませんでした。

オンライン会議やテレワークも、社員のワークライフバランスを充実させるために導入すべきだと長年いわれていましたが、なかなか実現していませんでした。それがコロナ禍を機に、一気に社会に受け入れられました。「会社には毎日通うべきだ」という意識が、ここまでがらっと変わったのは、まさしく「フェーズの変化」のたまものです。

フェーズが変化する前には、実はすでに、その兆しは世の中に表れています。

よく目を凝らしてその兆しを見つけることと、それが一般に受け入れられるものかどうかを見極めることが、未来予測のポイントになります。

たとえばスマホは、前述のようにｉＰｈｏｎｅが世界に「フェーズの変化」をもたらしましたが、実は世界初のスマホはｉＰｈｏｎｅではありません。１９９４年にアメリカで一般向けに発売された、ＩＢＭのタッチスクリーン式の携帯電話「Ｓｉｍｏｎ」が、世界初のスマホだと言われています。日本にｉＰｈｏｎｅが上陸する14年も前に、スマホ自体は誕生していたのです。

その意味で、私が気になっている兆しのひとつが、スウェーデンをはじめとした欧米各国で少しずつ広がりつつある「マイクロチップの体内への埋め込み」です。

米粒サイズのマイクロチップにはいろいろなデータを入れることができ、手のひらなどに注射器で埋め込みます。すると手をかざすだけで、会社や家のドアの開錠、パソコンのパスワード入力、買い物の支払いなどができるのです。財布やカギなどの貴重品を持ち歩いたりなくしたりする心配がなくなるということで、人口1000万人強のスウェーデンで数千人がすでにマイクロチップを埋め込んでいます。さらに2023年時点で、ヨーロッパで約2万5000人、世界で約50万人がマイクロチップを身体に埋め込んでいると見積もられています。

また氏名や住所、生年月日や血液型、持病、遺言状などの究極の個人情報をマイクロチップに入れて、証明書として使う動きも進んでいるそうです。

翻って日本社会では、デジタル化の遅れが指摘されています。個人情報を一元化して記録する「マイナンバーカード」も健康保険証との一体化の過程で入力ミスが続出するなど、大きな問題になっています。国の情報管理体制に対する国民の不信感も根強く、16年からスタートしていたマイナンバーカードはなかなか普及しませんでした。20年から22年にかけて実施した「マイナポイント事業」でカード取得者にポイントを与えたり、22年には従来の健康保険証の廃止を発表したりしたことで、ようやく発行枚数が増加していったものです。現在、国民の保有枚数は９１００万枚を超えています。

マイナンバーカードにはメリットもあります。確定申告がネット上で完結できますし、いろいろな手続きや届け出のために、いちいち役所に行く必要もなくなっていきます。

今後さらに普及が進めば、選挙の際にもネット上で投票できるようになるかもしれません。現在ネット投票が難しいのは、本人確認をどうするか、なりすましをどう防ぐかという問題があるからです。そこをクリアして、行政関係の手続きがすべてオンラインでできるようになれば、日本社会のフェーズも変わってくるでしょう。

ただあらゆる個人情報が1枚のカードに入るとなると、「そのカードを紛失したらどうするんだ。大変だ」という話にもなるわけです。そこで、「じゃあ、マイナンバーカードのデータをマイクロチップに入れて、体内に埋め込みたい」という人も、いずれは増えてくるかもしれません。するとさらに、フェーズは変わっていきます。

16年後の日本では、本人確認で手のひらをぴっとかざす人が圧倒的多数であるような時代になっているのかもしれません。「まさかそんなことがあるわけない」と思うかもしれませんが、未来予測をするにあたっては、「そんなことが？」と思うような兆しもていねいに捉えて、検討する必要があるのです。

経済に関する未来予測は難しい

そうしたフェーズの変化に加えてもうひとつ、私は**経済に関する未来予測が、非常に難しい**と感じています。

日本の少子高齢化などは、以前から大きな問題として捉えられていますが改善が難しく、２０４０年の状況も今の延長線上にあるでしょう。人口推計などは、比較的簡単です。国立社会保障・人口問題研究所が２０２３年４月に発表した「将来推計人口」では、出生率と死亡率にそれぞれ「高位」「中位」「低位」の３通りの仮定を設け、数値に幅をもたせて算出しています。最も実現性が高いとされる「中位」の数値で、２０５６年には日本の総人口が１億人を割ると予測されています。

ちなみに２０４０年には、日本で最後のベビーブーム世代となった「団塊ジュニア世代

（1971〔昭和46〕年から74〔昭和49〕年に生まれた世代）」が65歳以上の高齢者となり、高齢社会は加速していきます。

一方、1年後に日本株が上がるか下がるかだけでも予測が難しい中で、2040年の日本経済がどうなっていくかを予測するのは、非常に難しいのです。経済動向には、国内外の政治や経済の動向、自然災害の影響など、関わってくる外部の変数が多すぎるからです。

たとえば日本経済は今、長年続いたデフレからようやく脱却しようとしています。それは自力ではなく、外的な要因によってもたらされました。日本銀行（日銀）がマイナス金利政策を10年以上続けても実現しなかった「前年比で2パーセントの物価上昇率」という目標は、アメリカの金利引き上げに伴う円安、ウクライナ情勢に伴うエネルギー価格や食料価格の上昇などによって、あっという間に消費者物価が上がり実現しました。

日銀は今年の春闘の賃上げ状況を見極めて金融緩和政策を修正。金利がある社会に戻ろうとしています。**日本経済が、平成の「失われた30年」からようやく脱出しようとしているのです。**

ところが、2年にわたるロシアによるウクライナへの軍事侵攻がこれからどうなるのか、世界情勢はわかりません。

またイスラエルによるパレスチナ自治区ガザのハマスへの攻撃に反発した、イエメンの武装組織フーシ派は、紅海を通る商船にミサイルを撃ち込むなどして攻撃しています。日本郵船がチャーター運航していた自動車専用船が乗っ取られてしまうという事件も起きました。その結果、今はスエズ運河の通航量が約40パーセント減となり、代わりにアフリカ南部の喜望峰を回る船が急増しています。日本とヨーロッパを結ぶ航路において、喜望峰を回るとスエズ運河を通るよりも約2週間も余計に日数がかかり、燃料代、船のチャーター代、船員の賃金などで、億単位に近い運送費が増えてしまいます。国際的な物流網と世界経済への影響が出ているのです。

さらに24年11月には、アメリカ大統領選挙もあります。立候補しているドナルド・トランプ前大統領は、もし再選されれば、翌年1月20日の大統領就任初日にアメリカの輸入品には一律10パーセントの関税をかけるなどと言っています。それが現実のものとなれば、日本をはじめとした各国からのアメリカへの輸出は激減し、世界全体の貿易に大きな影響が出そうです。

こう考えていくと、２０４０年の日本経済がどのようになっているかと予測するのは、外部の変数が多すぎて非常に難しいというわけです。

未来予測では、ともすると暗い未来ばかりを描いてしまいがちです。そのため私は、なるべく楽観的に考えることを心掛けています。

本書でも、暗い未来と明るい未来、両方のパターンを想像します。

２０４０年のあなたや日本が明るい未来を迎えるためには、今からどう行動していけばいいのかを、考えるきっかけにしてもらいたいと思います。

序章

：未来を考えるための今と昔の話

未来予測年表

2025

- 農業助手ロボットに関する機械学習の活用基盤が普及

2027

- 自動運転トラクターなどによる無人農業や、IoTを利用した精密農業の普及と、施設園芸のハウス内環境をコンピューター制御するシステムが誕生
- 橋梁《きょうりょう》などのコンクリート構造物を工場でユニット化することで、危険が伴う現場での組立てを無人化

2028

- 非侵襲（体を傷つけない）診断機器のコンパクト化とAIの導入により、病変部位の識別能力の向上と早期発見が可能に
- 高齢者や視覚障がい者が安心して自由に行動できる情報を提供する、AIを利用したさまざまなナビゲーションシステムが誕生
- IoT機器を活用した大規模な地震災害時のリアルタイム被害把握・拡大予測システムの実用化

2029

- 画像認識と音声認識が融合したリアルタイム自動翻訳サービスの開始
- 血液による、がんや認知症の早期診断や病状のモニタリングが可能に
- 農業に関する匠《たくみ》(熟練技能者など)の技能の計測とモデリングを通じ、匠の「暗黙知」を自動的にアーカイブ化するシステムが誕生
- 収穫した作物を、ドローンで自動運搬するシステムが普及し、無人工場、無人店舗、無人物流倉庫、無人宅配搬送などが実現
- 話し言葉などの非定形の文章・会話から、文脈を捉えた文章に自動整理・文字化できる、AIの自然言語処理技術が登場
- コンピュータシステムなどへの不正侵入を防止する技術（不正な通信の実現確率を事実上無視できる程度に低減する技術）の確立
- 身体への負担度が高く高度な農作業を代替する、自立型農業ロボットの誕生
- 局地的短時間豪雨の高精度予測に基づく、斜面崩壊及び土構造物のリアルタイム被害予測の実用化
- 日本版GPSである準天頂衛星システム「みちびき」の測位データを利用し、国土や大型構造物の災害時の変化を、リアルタイムで定量的に判定する技術が利用可能に

2030

★SDGsの達成期限

- 遠隔で、認知症などの治療や介護が可能になる超分散ホスピタルシステム（自宅、クリニック、拠点病院との地域ネットワーク）の導入
- 人工衛星・気象観測データなどを活用したリアルタイムの高空間・高時間解像度気象予測と、災害リスク評価システムが誕生
- 人工肉など人工食材をベースに、食品をオーダーメイドで製造する3Dフードプリント技術の活用
- 過去の自分自身や偉人、遠隔地の人、ビデオゲームのキャラクターなどと競うことが可能なAR（拡張現実）スポーツが登場
- カスタマイズされた製品を、従来の大量生産並みのコストで製造できる3Dプリント技術が実用化

2031

- 特定の感染症への感染の有無、他者への感染性、未感染者の感受性を迅速に検知・判定でき、汚染区域や航空機内などでも使用可能な超軽量センサーが登場
- 自律航行可能な無人運航商船が登場
- 太陽光・風力発電の余剰電力を用いた水素製造が可能に
- 薬物の体内での動き、がんの存在や進行度を示す「腫瘍マーカー」、感染状況、血液成分などの体内情報をモニタリングするウェアラブルデバイスが誕生
- 小型電子機器類、廃棄物などからレアメタルを合理的に回収・利用する技術が確立
- 日本の総人口の平均年齢が50歳を超える【IPSS】

- 自動車の自動運転が「レベル5」まで実用化、場所の限定なくシステムがすべてを操作し運転できるようになる（完全自動運転）
- 移植が可能な組織・臓器を 3D プリント技術を用いて製造（バイオファブリケーション）することが可能に
- 経済的かつ大規模安定供給可能な長期の水素貯蔵技術が実用化

2035

- 経年劣化・損傷に対する自己修復機能をもち、ビルなどの建築構造物の機能を維持できる構造材料の開発
- 量子情報通信技術に基づく、安全性の高い自動車の自動運転システムが誕生

2036

- すべての皮膚感覚の脳へのフィードバック機能を備えた義手が誕生
- マグニチュード7以上の内陸地震の発生場所、規模、発生時期（30 年以内）、被害の予測技術の普及

2039

- 光還元触媒及び人工光合成による CO_2 の再資源化（燃料や化学原料の合成）が、エネルギー効率 20 パーセント以上で可能に

2040

- 日本の年間死亡数が約 167 万人とピークを迎える【IPSS】

2050

★カーボンニュートラル達成　目標

2067

- 日本の総人口が 9 千万人を下回る【IPSS】
- 日本の 100 歳以上人口が 50 万人に達する【IPSS】

※年代は、さまざまな技術が製品やサービス等として利用可能な状況となる「社会的実現」で表記
※「令和2年版科学技術白書」（文部科学省）（https://www.mext.go.jp/b_menu/hakusho/html/hpaa202001/detail/1421221_00005.html）を加工し作成
※【IPSS】「日本の将来推計人口（令和 5 年推計）」（国立社会保障・人口問題研究所）（https://www.ipss.go.jp/pp-zenkoku2023/pp203311_Report2.pdf）から一部抜粋

2032

- すべての書籍が電子ブックとなる（紙による本の消滅）
- 教育にAIやブロックチェーンが導入され、学校の枠を超えた学習スタイルを構築、個人の学習データを自由にやり取りするなど「生涯スキルアップ社会」が実現
- 大容量の発電が可能な 50MW 級洋上浮体式風力発電の実用化
- すべての国民がITリテラシーを身につけることで、誰もがデジタル化の便益を享受できる社会と、IT人材不足の解消が実現
- 人の心身の状態を分析しすぐにアドバイスしてくれる、超小型 HMI（ヒューマン・マシン・インターフェイス）デバイスが登場
- ナノテクノロジーによる高度な生体適合性材料が誕生し、高機能なインプラント機器（体内に埋め込む医療機器）やドラッグデリバリーシステム（DDS、体内の薬物分布をコントロールする薬物伝達システム）技術の利用が可能に
- 電気自動車のための交換不要な長寿命かつ低コストの二次電池が実用化

2033

- 個人の心理状態や感覚・味覚などを記録し、共有できる体験伝達メディアが誕生
- 誰もが遠隔地の人やロボットの動作を自在に操り、身体の貸主や周囲の人と協調して作業を行うことができる「身体共有技術」の普及
- 小都市（人口 10 万人未満）における 100 パーセント再生エネルギーのスマートシティ化を実現する、スマートグリッド制御システム（電力の有効利用を実現する次世代型エネルギーコントロールシステム）の開始
- 都市部で人を運べる空飛ぶ車・ドローンが利用可能に
- 日本国内の全火山に対し、次に噴火しそうな、もしくはしそうにない火山を見いだすための、切迫度評価が可能に

2034

- 発話ができない人や動物が言語表現を理解したり、自分の意思を言語にして表現したりすることができる、ポータブル会話装置の普及

Chapter 01

仕事編

〜**未来**でも
必要とされる人
となるために〜

AIは私たちの仕事を脅かすのか？

チャットGPTは脅威ではない！「優秀なアシスタント」になる

２０２３年のビジネス界は、生成ＡＩのひとつ「チャットＧＰＴ」の話題で持ちきりでした。チャットＧＰＴに使われているＡＩ「ＧＰＴ－４」は、インターネット上から収集した膨大な文章をＡＩが自ら学習（ディープラーニング、深層学習）することで、「それらしい」「自然な」会話や文章をアウトプットできるようになり、急速に「使える」ようになりました。そして世間では、チャットＧＰＴ脅威論、あるいは活用論が飛び交いました。

チャットＧＰＴの進化と、それによっていよいよホワイトカラーやクリエイティブ系の仕事にもＡＩの脅威が迫ってきたという点で、多くの人が衝撃を受けたのです。

しかし技術の進化は不可逆的ですし、いつまでも恐れてばかりはいられません。これからは、それぞれの仕事に生成ＡＩをどう活用するか、前向きな議論をする段階に入っていくことでしょう。

たとえば仕事をする際、「これについてはどう思う？」と生成ＡＩに相談して答えをもらうといった形で、「すぐ隣にいるきわめて優秀なアシスタント」としてビジネスパーソンそれぞれが生成ＡＩを使っていくようになっています。

ただチャットＧＰＴなどの生成ＡＩは、ありきたりな質問をするとありきたりな答えしか返ってきません。質問の仕方によって答えがまったく変わってくるため、**人間側が「良き問いを立てる」ことが活用のポイント**です。

私たちは学校で、問いに対する答えばかりを考えてきました。しかしこれからは、チャットＧＰＴを活用するためにも、「良い答えを出させるための良き問いをどう立てるべきか」という観点が大事になってくるのです。

すでに生成ＡＩの活用が進んでいる会社の事例もあります。集英社の「少年ジャンプ＋（プラス）」編集部では、「アル」というスタートアップ企業と共同で、チャットＧＰＴを活用した独自のマンガ家支援システムを作りました。マンガ家がテーマに悩んだり、キャラクター名やセリフに悩んだりしたときに、ＡＩに相談できるといいます。「こういう性格の登場人物が、こういう状況に置かれたらどんなセリフを言う？」などと質問したら、編集者の知見を取り入れたＡＩが、チャット形式で自動回答をしてくれるそうです。孤独な創作作業を続けるマンガ家のために、「とにかく励ましてほしい」「とにかく話をしたい」といった要望にも、ＡＩが応えるといいます。

生成ＡＩの普及により労働者の８割は業務に影響が出る

それでもやはり、チャットＧＰＴなどの生成ＡＩによって、今の仕事がなくなってしまうことへの不安は誰しもあるでしょう。

オープンＡＩとペンシルベニア大学による論文では、生成ＡＩの普及により、アメリカの労働者の約８割は業務に影響があること、さらに約２割は業務の半分ほどに影響を受ける可能性があると記されています。**参入障壁や賃金が高いホワイトカラーであっても、職種によっては大きな影響が出る見込み**です。

とはいえホワイトカラーの仕事も、すべてがすべてＡＩに奪われるというよりも、業務ごとにＡＩに置き換わるようなことになりそうです。

たとえば弁護士という仕事は、弁護を担当する被告の罪状に対し、「過去の判例に照らし合わせると、懲役何年くらいで、執行猶予がつく（またはつかない）」などと、それぞれの弁護士の頭の中に入っている膨大な判例を思い出しつつそのときの資料を探し、どう弁護するか論理を組み立てていきます。刑事事件でも民事事件でも膨大な判例があり、それらを覚えるのがこれまで大変だったわけですが、こうした作業は全部生成ＡＩに任せることができるようになるでしょう。

これは、訴える側の検事も、裁く側の裁判官も同様です。過去のデータというのはＡＩが最も得意とする分野ですから、検索すれば過去の判例が出てきて、論理構成を一緒に考えていくことが可能になります。

基本的に裁判は、判例によってある程度の結果があらかじめ見えています。極端な話ですが、殺人事件では１人殺しただけでは滅多に死刑とならない、３人以上殺せばほぼ死刑になるなどと、判例を見れば一目瞭然です。２人を殺したときは微妙ですが、犯行が凶悪であれば死刑になります。今後は、過去の判例の資料探しや法律関係書類の作成といった、弁護士事務所で弁護士業務の補助をしていた人たち（パラリーガル）の仕事が減るでしょう。大手の弁護士事務所でも、弁護士は数人だけであとはチャットＧＰＴなどの生成

ＡＩが助手を務める、という形で仕事が事足りる可能性が非常に高いのです。

経理も、ＡＩと親和性の高い仕事です。すでにクラウド型会計ソフトなどがたくさん出回っていて、必要なデータを入れればＡＩが勝手に請求書や決算書を作ってくれるようになっています。人が行ってきた経理の業務は、これからも確実に減っていくでしょう。

ちなみに個人で行う確定申告も、クラウド型会計ソフトに経費のレシートやクレジットカードの利用明細、銀行口座の入出金データなどを取り込んだら、オンライン上で書類を瞬時に作ってくれます。税理士も、簡単な業務はＡＩに取って代わられつつあります。

記者の仕事もすでに、業務によってはＡＩの活用が進んでいます。対象を深く取材して社会に問うタイプの記者は、ＡＩ時代にも生き残るといわれています。またたとえばスポーツ担当記者なら、大谷翔平のようなスター選手を何年も追いかけてヒューマンドキュメント記事を書くなどは人間の記者の仕事です。しかしスポーツの結果だけを伝えるような「ベタ記事」はＡＩが書くようになっています。むしろそのほうが速くて正確だといえます。決算報告や天気予報などの記事も、ＡＩが得意な分野です。

「コタツ記事」と呼ばれる、テレビで芸能人がこう言った、ああ言ったなどのエンタメ記事も、今後はライターが不要になり、ＡＩが担当するようになるでしょう。

生成ＡＩは、詩や小説も書けます。日本経済新聞社が主催する文学賞「星新一賞」は、ＡＩによる作品の応募を認めているのですが、ＡＩと人間が共同で作った小説が２０２２年に初めて入選しました。

下手な作家は、今後ＡＩによって淘汰されてしまうかもしれません。一方で、10年後や１００年後にも読み継がれるような作品を書ける作家は、当然生き残るでしょう。

１００年以上生き続けている「古典」を書いた作家、シェークスピアやコナン・ドイル、森鷗外や夏目漱石などは、今も多くの人にその作品が読まれています。時代背景が現代とは違うため、読んでもピンとこないという人も多いかもしれませんが、人間の本質が描かれているからこそ時代が変わっても読み継がれているのです。優れた作品には、時代を超えて共感できる点があります。読まず嫌いをせず、ぜひ一度読んでみてほしいと思います。

そういう意味で、人間がいちばんわからないことは「人間とは何か」ということです。わからないからこそ、人間は長年にわたり、人間について考える小説などの作品を作ってきたというわけです。

AIにより若手が育たなくなる

翻訳家も、AIに代替されるといわれている仕事です。2025年の大阪・関西万博では、TOPPANと情報通信研究機構などが実用化を進めている、多言語の同時翻訳が提供される予定です。

日本発のAI通訳機「ポケトーク」も、かなり精度の高い同時通訳を実現しており、世界74言語に対応しています。スマホに入れられるアプリ版の「ポケトーク」も登場しました。さらに韓国のサムスン電子が今年発売した新型スマホは、通話の内容やショートメッセージの内容をAIが翻訳し音声で伝えるという機能を搭載しています。現在は日本語など13言語に対応しています。

AIの翻訳や通訳を活用して、世界のさまざまな言語を話す人々と気軽に交流できる未来がついに訪れるとすれば、これは明るい未来だといえるでしょう。

一方で、AIで翻訳や通訳ができるようになり人間の翻訳家や通訳はいらないという話になると、**外国語大学や外国語学部への進学希望者が減るのではないか**という点は懸念されます。

また売れっ子の翻訳家の方から聞いた話ですが、すでに外国語学科の大学院生たちのアルバイト先がなくなっているそうです。つまり多くの翻訳家はこれまで、英文学科の大学院生に「下訳」のアルバイトをしてもらい、その日本語訳を見てから自分でさらに修正していく、という形で翻訳をしていました。今はその下訳のアルバイトのほとんどがＡＩ翻訳サービス「ＤｅｅｐＬ（ディープエル）」に置き換わっているというのです。

「翻訳や通訳はＡＩで事足りる」という事態が続き、人材が減少したり育たなくなったりすると、いずれ翻訳ＡＩや通訳ＡＩの間違いに人間が気づけなくなったり、翻訳ＡＩや通訳ＡＩを開発・改善するための人手が足りなくなったりするという問題が発生するかもしれません。

これは翻訳家に限らず、さまざまな分野で、ＡＩ導入における将来的な問題点となるでしょう。**ＡＩによって学生や若手の成長機会が奪われていくと、その分野の仕事の１から10までをわかっているような人材が育たなくなる、ＡＩを開発・改善できるような高度な知識を持つ人材がいなくなる**、という事態に陥ってしまうというわけです。

単純作業の仕事は、これからどんどんなくなっていく

ＡＩの参入によって仕事がなくなる人は、残念ながらゼロではありませんし、最悪の場合には増加していく事態もあり得るでしょう。

単純作業などをするアルバイトも、今後どんどん減っていくでしょう。ファミリーレストランでは、注文はタッチパネル、配膳は自動ロボット、という店が増えてきて、店のスタッフの仕事がなくなってきています。スーパーマーケットやコンビニエンスストアでも、セルフレジを導入する店舗が増えつつあります。

しかし過去を振り返れば、いろいろな仕事がなくなったけれど、それから今までずっと失業率が高いままというわけではありません。

たとえば、かつては駅員が改札で１枚ずつ切符にハサミを入れていました。けれども国鉄がＪＲになる頃、自動改札機が導入されたことを機に、駅員の仕事はなくなり、人員が余ってしまいました。そこで特に国鉄の民営化に反対した国鉄労働組合（国

労）の人たちが、嫌がらせとしてキヨスクの販売員に配置換えをさせられることもありました。

望まない配置換えをされた人たちはかわいそうですが、一方で民営化後のＪＲに目を向けると、鉄道以外の部分でも収益を上げる新しい企業に生まれ変わっています。たとえばＪＲ九州の場合はホテル事業や外食事業に力を入れていて、関東や関西にも進出しています。またＪＲ東日本は、ＩＣ乗車券「Ｓｕｉｃａ」やクレジットカード「ビューカード」などの事業や、「エキナカ」などの商業施設の開発に力を入れています。ＪＲでは、新しい仕事もどんどん生まれているわけです。

長年誇りを持ってやってきた仕事がなくなる人にとっては、２０４０年には暗い未来が待っていると思えるかもしれません。しかしそういうときは**思い切って好奇心を持って、新しい仕事に挑戦するしかありません。**

AIに取って代わられないエッセンシャルワーカー

コロナ禍で「**エッセンシャルワーカー**」が注目されました。医療や物流業、食料品などの小売業や、保育職や介護職など、社会を維持するために必要不可欠な仕事に従事する人たちです。

2020年3月、当時まだ謎の多かった「新型コロナウイルス感染症」の感染拡大を防止するためにと、政府から国民に対して「不要不急の外出自粛」が要請されました。学校は休校となり、企業も従業員の出勤をなるべく控えさせるため、在宅勤務やリモートワークの導入を急ぎました。しかしエッセンシャルワーカーは自粛の対象外と見なされ、働き続けることが求められました。

こういう仕事こそ、**AIには取って代わられない仕事だ**と思います。

しかしエッセンシャルワーカーの多くの業務に体力勝負な部分があるということと、給与水準がホワイトカラーよりも低いということで、エッセンシャルワーカーの仕事は人気がなく、人手不足が深刻な状況になっています。

２０４０年に向けて、社会に必要不可欠なエッセンシャルワーカーの給与水準を大幅に上げる必要があります。

一方、エッセンシャルワーカーの仕事も、徐々にですが機械化が進みつつあります。たとえば介護現場では、入浴支援をするリフトなどのロボットや、寝たきりの人の「床ずれ」を防止するために自動寝返り機能のついた介護ベッドなどがあります。ただ導入費用が高いため、介護現場に今はまだあまり普及していないという課題があります。

エッセンシャルワーカーにとって重労働な業務を、ロボットが担ってくれるようになれば、明るい未来だといえます。

とはいえ介護される側としては、すべてが機械化されて人と接する機会がなくなってしまってはつらいでしょうし、気持ちに寄り添ってくれる介護職の人に会いたくなるでしょう。そのためこれからの介護職には、**患者さんの気持ちを理解できる人間力のある人**がいっそう求められます。

医療職も同様です。病気を治すことばかり考えて、患者の気持ちは二の次だという医師、患者ではなく病気だけを見ているというタイプの医師がいます。

そういう医師は、目の前でつらさを訴えている患者がいても顔もろくに見ず、「具合はいかがですか？」などと言いながらパソコンに入っている電子カルテのデータを見たり、患者の言葉をそのまま電子カルテに入力したりしているのです。

患者は自分の話を聞いてほしい、医師に自分のほうを見てほしいと思っています。しかし、自分の症状を理路整然と説明できず話の脈絡もなかったりする高齢の患者などに、若い医師がイライラしている、などという光景がよく見られます。

ちょっと我慢して、お年寄りの話を一生懸命聞いてあげる、手で脈をとってあげる、という**「人間力」**が、医師には大事なことなのです。それこそが、**ＡＩではできない仕事**だからです。

２０４０年、ＡＩの導入や機械化がより進んだ未来にこそ、**人間には人間の感情に関わる部分の仕事が残り、それがより大切になっていく**わけです。

ＩＴ系の仕事をしたい人が第一次産業に従事するようになる

第一次産業は、意外と今後、**ＡＩが業務を代替していく分野**です。

農業はすでに機械化が進んでいます。農地を耕し、種をまき収穫する農業機械「トラクター」は、人間から指示された作業工程を、ＧＰＳで位置を確認しながら無人で作業する「ロボットトラクター」に進化しています。ヤンマーがフェラーリの元デザイナーを起用した、かっこいいデザインのロボットトラクターなども登場しています。

また先日、福島県郡山市の農家を取材したところ、人手不足を解消する便利な道具としてドローンを活用していました。ＧＰＳで自分が所有している畑の区画を正確に見分けて、水をまいたり、除草剤をまいたりしていたのです。さらに最近は、ＡＩ画像認識で雑草にだけ除草剤をまくようなシステムも開発されています。

ＡＩで収穫適期のピーマンを判定し収穫するロボット、画像から病害虫を自動診断するＡＩアプリなども登場しました。農林水産省も「スマート農業」の実用化を目指しています。

漁業でも、水産庁による「スマート水産業」の取り組みが始まっていて、水揚げ情報のデータ管理、ＡＩを活用した漁場予測などが進められています。また水産資源が今後枯渇していく中で、養殖業の生産性向上のため、ＡＩによる自動給餌システムや、自動網掃除ロボットといったスマート技術の導入も始まっています。

コンピューターやゲームが好きな子は、これまでシステムエンジニアやゲーム会社を目指す、というのが定番でしたが、今後は農機メーカーや養殖業などの意外なＡＩ活用企業に、そういう子たちが就職していくようになるかもしれません。

ＡＩトレーナーや、「ＡＩ×衣食住」という新しい仕事が増える

仕事がなくなる人がいる一方、新しい仕事も出てきます。しかし難しいのは、どんな仕事が新しく生まれるかがわからないという点です。

だからこそ「新しい仕事」なのですが……。

まず、チャットGPTなどの生成AIをうまく使いこなす人は、確実に生き残ることができるでしょう。今アメリカでは、生成AIに対して優れた指示（プロンプト）を出し高品質な答えを引き出す「**プロンプトエンジニア**」という仕事が、需要も年俸も高いそうです。プロンプトエンジニアが適切な質問を繰り返すことによって、チャットGPTは文章力や倫理観などを学び、より賢く育てられていくことになります。

しかしこのプロンプトエンジニアという職業も、2040年には消えているとみる人もいます。今後増えていくのは、企業ごとの専門知識や個性を身につけた「最適な」生成AIを作っていく「**AIトレーナー**」という仕事だそうです。

他にも、「日経ビジネス」23年6月26日号「2040年の仕事図鑑」では、建設機械（建機）やドローンなど離れた場所にある機器を操作する**リモートパイロット**、環境負荷の低減や供給の安定を目的に新たな食糧を従来にない方法で作りだす**食糧クリエイター**、水産業の漁獲量維持を目指す**漁業レンジャー**、沈みゆく街の代わりに海上浮体都市の構想や基本計画をする**海洋都市プランナー**、パンデミックを未然に防ぐため感染症の端緒を検知する**感染症予報士**などの「新しい仕事」が紹介されていました。

人間に必要不可欠な食糧や健康などの分野で、新しい仕事が増えていくのは、間違いないでしょう。

新しくかつ需要のある仕事を生み出すのは、「困っている誰かのために」などと仕事の目的や意義を常に考えられる人でないと不可能です。**やはり「人間力」が大事**なのだということです。

たとえば食糧を増産し管理していく過程で、ＡＩに任せられる作業はたくさんあります。しかし、「持続可能な農業をどうつくっていくか」「地域の人とどう共生していくか」といった理念の部分に関しては、やはり人間が知恵を絞って、しっかりと考えていかなければなりません。

35年前の時価総額ランキングを振り返る

1989年の「世界時価総額ランキングトップ50」では、1位の日本電信電話（NTT）を筆頭に、**日本企業が多くを占めていました**。一方2024年には、トヨタ自動車がかろうじて31位に入っているのみで、アメリカのGAFAM（Google、Apple、Facebook、Amazon、Microsoftの頭文字からとった呼称）が上位を独占しています。1位がApple、2位がMicrosoftです。

とはいえ89年のランキングは、日本政府の規制で守られていたことで時価総額が高くなっていた日本企業も多く、**偽りのランキングだった**ともいえます。

日本の銀行も12行がランキングに入っていますが、当時の銀行業務がそんなに効率よく行われていたわけではありません。銀行業に異業種からの参入ができないという、実に厳しい規制があったおかげで、既存の銀行が超過利潤を上げていたというだけのことです。

そのため「金融ビッグバン」という大規模な金融制度改革が始まった（96年橋本内閣が提唱、97年から取り組み開始）途端に、日本の銀行は次々と潰れたり、合併したりしていきました。89年には都市銀行が13行もありましたが、今はみずほ・三井住友・三菱UFJ・りそな銀行の4行というありさまです。

東京電力と関西電力なども、電力自由化前の規制で、電力供給の地域独占をしていたことによって守られていました。

そういう意味で、実力でちゃんと89年のランキングに入っていたのは、トヨタ自動車や新日本製鐵（現・日本製鉄）、それに日立製作所、松下電器産業（現・パナソニック）、東芝などの電機メーカーでした。

1989

1位	日本	日本電信通話（NTT）
2位	日本	日本興業銀行
3位	日本	住友銀行
4位	日本	富士銀行
5位	日本	第一勧業銀行
6位	アメリカ	アイ・ビー・エム（IBM）
7位	日本	三菱銀行
8位	アメリカ	エクソン（Exxon）
9位	日本	東京電力
10位	イギリス	ロイヤル・ダッチ・シェル（Royal Dutch Shell）
11位	日本	トヨタ自動車
12位	アメリカ	ゼネラル・エレクトリック（General Electric）
13位	日本	三和銀行
14位	日本	野村證券
15位	日本	新日本製鐵
16位	アメリカ	エー・ティー・アンド・ティー（AT & T）
17位	日本	日立製作所
18位	日本	松下電器産業
19位	アメリカ	フィリップ・モリス（Philip Morris）
20位	日本	東芝
21位	日本	関西電力
22位	日本	日本長期信用銀行
23位	日本	東海銀行
24位	日本	三井銀行
25位	アメリカ	メルク（Merck）
26位	日本	日産自動車
27位	日本	三菱重工業
28位	アメリカ	デュポン（DuPont）
29位	アメリカ	ゼネラル・モーターズ（General Motors）
30位	日本	三菱信託銀行
31位	イギリス	ブリティッシュ・テレコム（British Telecom）
32位	アメリカ	ベル・サウス（BellSouth）
33位	イギリス	ビーピー（BP）
34位	アメリカ	フォード・モーター（Ford Motor）
35位	アメリカ	アモコ（Amoco）
36位	日本	東京銀行
37位	日本	中部電力
38位	日本	住友信託銀行
39位	アメリカ	コカ・コーラ（Coca-Cola）
40位	アメリカ	ウォルマート（Walmart）
41位	日本	三菱地所
42位	日本	川崎製鉄
43位	アメリカ	モービル（Mobil）
44位	日本	東京ガス
45位	日本	東京海上火災保険
46位	日本	NKK
47位	アメリカ	アルコ（ALCO）
48位	日本	日本電気
49位	日本	大和證券
50位	日本	旭硝子

出典：米ビジネスウィーク誌（1989年7月17日号）「THE BUSINESS WEEK GLOBAL 1000」より
※社名は当時のもの

2024

1位	アメリカ	アップル（Apple）
2位	アメリカ	マイクロソフト（Microsoft）
3位	サウジアラビア	サウジアラムコ（Saudi Aramco）
4位	アメリカ	アルファベット（Alphabet）
5位	アメリカ	アマゾン・ドット・コム（Amazon.com）
6位	アメリカ	エヌビディア（NVIDIA）
7位	アメリカ	メタ・プラットフォームズ（Meta Platforms）
8位	アメリカ	バークシャー・ハサウェイ（Berkshire Hathaway）
9位	アメリカ	テスラ（Tesla）
10位	アメリカ	イーライリリー・アンド・カンパニー（Eli Lilly and Company）
11位	アメリカ	ビザ（Visa）
12位	アメリカ	ブロードコム（Broadcom）
13位	アメリカ	JP モルガン・チェース（JPMorgan Chase）
14位	アメリカ	ユナイテッドヘルス・グループ（UnitedHealth Group）
15位	台湾	台湾積体電路製造（TSMC:Taiwan Semiconductor Manufacturing）
16位	デンマーク	ノボ・ノルディスク（Novo Nordisk）
17位	アメリカ	ウォルマート（Walmart）
18位	アメリカ	エクソンモービル（Exxon Mobil）
19位	アメリカ	マスターカード（Mastercard）
20位	アメリカ	ジョンソン&ジョンソン（Johnson & Johnson）
21位	フランス	LVMHモエ・ヘネシー・ルイ・ヴィトン（LVMH Moet Hennessy Louis Vuitton）
22位	韓国	サムスン・エレクトロニクス（Samsung Electronics）
23位	中国	騰訊控股（Tencent Holdings）
24位	アメリカ	プロクター&ギャンブル（Procter & Gamble）
25位	アメリカ	ホーム・デポ（Home Depot）
26位	スイス	ネスレ（Nestle）
27位	アメリカ	メルク（Merck）
28位	アメリカ	コストコ・ホールセール（Costco Wholesale）
29位	中国	貴州茅台酒（Kweichow Moutai）
30位	アメリカ	オラクル（Oracle）
31位	アメリカ	アッヴィ（AbbVie）
32位	オランダ	エーエスエムエル（ASML Holding）
33位	アメリカ	シェブロン（Chevron）
34位	アメリカ	バンク・オブ・アメリカ（Bank of America）
35位	アメリカ	アドビ（Adobe）
36位	フランス	ロレアル（L'Oreal）
37位	アメリカ	コカ・コーラ（Coca-Cola）
38位	アメリカ	セールスフォース（Salesforce）
● 39位	日本	トヨタ自動車
40位	UAE	インターナショナル・ホールディング（International Holding）
41位	スイス	ロシュ・ホールディング（Roche Holding）
42位	アメリカ	アドバンスト・マイクロ・デバイセズ（Advanced Micro Devices）
43位	アメリカ	ペプシコ（Pepsico）
44位	スイス	ノバルティス（Novartis）
45位	フランス	エルメス（Hermes）
46位	アメリカ	アクセンチュア（Accenture）
47位	イギリス	シェル（Shell）
48位	アメリカ	ネットフリックス（Netflix）
49位	イギリス	アストラゼネカ（AstraZeneca）
50位	アメリカ	マクドナルド（McDonald's）

※ 2024年1月9日時点　参照：Wright Investors' Service, Inc のデータ
(https://www.corporateinformation.com/Top-100.aspx?topcase=b#/tophundred)　及び Yahoo Finance を参照

「ものづくり幻想」から脱却できないうちは世界時価総額ランキングに入ることはない

2040年に、「世界時価総額ランキングトップ50」に日本企業が入れるかというと、まず無理でしょう。

「序章」で述べたように、日本企業は高度経済成長期の成功体験によって未来に対応できていません。日本はものづくりに強みがあるのだという「ものづくり幻想」から、いまだ脱却できていないのです。

しかし今や、ものづくりは「世界の工場」と呼ばれる中国が量的に圧倒していますし、さらに品質もどんどん向上しています。

かつての中国製品のイメージは「安かろう悪かろう」で、「メイド・イン・ジャパンの製品がいい」と国内外の人たちが考えていました。しかし最近は、中国製品の品質が急激に良くなったことで、テレビ番組で日本の若者にインタビューをすると「中国製品は安くて品質が良いと思う」と答えます。

また電気自動車（ＥＶ）も、中国のＥＶ最大手「ＢＹＤ（比亜迪）」が今、品質とスタイルの良さで圧倒的に売れています。民間調査会社によれば、22年に世界で約１８６万台のＥＶを販売し、イーロン・マスク率いるテスラ（約１３１万台）を追い抜きました。日本の自動車メーカーがガソリン車にこだわっている間に、世界ではＥＶの開発競争が激化し、ついにテスラだけでなく中国企業のＢＹＤにもＥＶ販売台数で追いつけなくなったというわけです。

日本の自動車メーカーは車体やモーターなどの部品を作る下請け企業になる

世界時価総額ランキング（２０２２年）で6位に入っているテスラは、ＥＶ以外のガソリン車も含めた自動車生産台数や販売台数という観点では、トヨタ自動車（トヨタ）よりはるかに少なくなっています。22年の販売台数は、テスラ１３１万台に対しトヨタが１０４８万台。トヨタのほうが圧倒的に世界1位です。

それなのにテスラのほうが時価総額が高いのは、地球温暖化防止のために世界で進む「脱炭素」や「EV革命」の流れに乗っていると市場に評価され、株価がどんどん上がっているからです。なおトヨタの22年のEV販売台数は、たったの2万4466台です。

EU（欧州連合）はガソリン車の新車販売を35年に全面禁止する（ただし環境に負荷がかからない合成燃料で走るエンジン車は35年以降も認める）と発表しています。日本も、35年にはガソリン車の新車販売を禁止する（ただしハイブリッド車は認める）予定なので、そこから鑑みても、EVに強いテスラのほうがトヨタよりも株価が上がっていくのは必然の流れです。トヨタはガソリン車や水素による燃料電池自動車にこだわりすぎて、電気自動車の開発競争に乗り遅れてしまっています。

さらにテスラは今、自動車メーカーというよりもIT企業の様相を呈しています。ガソリン車の場合、より性能のいい車に乗りたいと思えば、買い替えるか、可能なら部品を交換するか、という手段しかありませんでした。しかしテスラの場合、スマホでテスラ車のソフトをアップデートすることで、バージョンアップすることができます。ディーラー（自動車販売会社）に、車を持って行く必要すらないのです。

さらにいえば、テスラにはディーラーすらありません。テスラ車の実物を見ることができる「テスラストア」は日本に10カ所（24年5月現在）ありますが、車はスマホやパソコンでインターネット購入をするのです。５００万円から１６００万円する高額商品を、ネットで買うというわけです。車体の色やインテリアなどのカスタムオーダーも、オンライン上で選ぶだけで完結します。

納車は、最寄りのサービスセンターやテスラストアなどに取りに行くか、配送を選べますが、配送の場合は10万円強の追加料金がかかります。広島の私の知人が最近テスラ車を購入したのですが、そのときはたまたま広島に在庫がなかったそうで、結局博多まで取りに行ったそうです。

こうした**ＥＶが自動車の主流になっていくと、日本の自動車メーカーが、車体やモーターなどの部品を作る下請け企業になっていく**のではないかと危惧されます。すでに5、6年前から、ＡｍａｚｏｎやＭｉｃｒｏｓｏｆｔ、Ｇｏｏｇｌｅが自動運転の研究をしているというニュースがあり、「そのうち自動車を動かす心臓部分のソフトは全部ＧＡＦＡＭなどのＩＴ企業が牛耳り、日本はハードの車体だけを作るようになるのでは」と予想されていましたが、その予測が実現しつつあります。

２０４０年に向け、日本の自動車メーカーはＥＶへの巻き返しを図らないといけません。

日本のアニメやマンガも中国の下請けに

ものづくり幻想は捨てるべきだと書きました。２０４０年に向けて、日本はもっとソフト面、コンテンツ作りなどで勝負していく必要があります。しかしソフト面でも、日本は厳しくなってきています。

たとえば、日本のマンガやアニメなどのカルチャーが世界で大人気だ、とマスコミはよく話題にします。確かに人気はあり、欧米ではＮＡＲＵＴＯやドラゴンボール、美少女戦士セーラームーンなどのコスプレをした若者が街を歩いていたりします。しかしそれも残念ながら、過去の成功体験になりつつあります。

実はすでに日本のアニメ業界は、中国の下請けになってしまっているのです。

8年くらい前までは、日本が人件費の安い中国にアニメ制作を発注していましたが、今は逆なのです。日本のアニメーターの給料は月給換算で35万円ほどですが、中国のアニメーターの月給は約50万円です。そのため、人件費の安い日本に発注が来るというわけです。

世界でも、中国発のオリジナルアニメが大人気で、内容のクオリティも高いと評価されています。人気作品の『羅小黒戦記　ぼくが選ぶ未来』や『魔道祖師』などは日本でも注目を集めました。

もちろん、日本にも優れたクリエイターやアニメーターはたくさんいますが、世界で売れる作品が中国からもどんどん生まれてきているのです。中国の人口は日本の10倍以上なわけですから、才能のあるクリエイターも日本の10倍以上はいる、と考えたほうがいいのです。

韓国も、K－POPや映画、ドラマなどが世界中で人気です。

日本のコンテンツ制作が世界に打って出るには、まずはコンテンツ制作に携わる人たちの賃金を上げ、優秀な人がそういう仕事を選んでくれるようにしなければなりません。

コンテンツ制作に関わる人々がその仕事で生活できるようにしながら、世界に通用するヒット作を出して利益を上げる、という構造にしていくべきなのです。

00年代から低迷していた電機メーカー・ソニーグループは、21年3月期の決算で初めて純利益が1兆円を超え、見事に復活しました。そのV字回復には、事業の選択と集中で映像系センサー技術に注力したこと、ゲーム機「PlayStation5（PS5）」の好調に加え、音楽や映画、アニメなどのコンテンツビジネスを強化し、業態転換を進めてきたことも寄与しました。映画『鬼滅の刃　無限列車編』や、音楽ユニット「YOASOBI」のヒットなどが印象的でした。**ものづくり（ハード）からコンテンツ（ソフト）へ**、切り替えがうまくいった例がソニーなのです。

雇用形態が大きく変わり、退職金制度もなくなる

業界の趨勢《すうせい》だけでなく、雇用形態も、2040年には大きな変化が起きているでしょう。日本でも多くの人が、今とは違う「新しい働き方」をするようになっているはずです。

日本では従来、新卒一括採用、年功序列、終身雇用などの独特な雇用形態が続いていました。

新卒一括採用のメリットとしては、4月1日に一斉に入社する同期たちとの仲間意識が育まれることが挙げられるでしょう。同期はライバルにもなりますが、いざというときに

は助け合う、独特の存在です。それに日本には年功序列もありますから、1年先輩にも1年後輩にも言えないような仕事の悩みも、同期なら相談できるというメリットもあります。

デメリットとしては、新卒一括採用があるために「就職のチャンスは1回しかない、レールから外れるわけにはいかない」と大学生が就職活動（就活）にプレッシャーを感じる点です。「第二新卒」枠ができるなど、以前よりは企業も柔軟になりつつありますが、それでも「留学をしたい」「もう少し大学に残って研究を続けたい」といった希望を諦める大学生もいるでしょう。

私は今5つの大学で教鞭をとっていますが、今の大学生を見ていると、1年生の頃から就職のことを心配して熱心に情報を集めています。特に私立の大学は、就活のサポートが充実していることなどを大々的に売りにしています。キャリアセンター、昔でいうところの「就職課」は広々としたスペースが費やされていて、いつでも学生のキャリア相談に乗りますと謳《うた》っています。

実際に就活をするのは大学4年生ですから、そんなに早々と就職情報を集めなくても、勉強をしたほうがいいんじゃない？　などと思ってしまいますが、学生たちは「新卒で就職しなければ」という焦りや不安がぬぐえないようです。

終身雇用は、よっぽどのことがない限り定年までこの会社に居られる、という安心感が生まれます。半面、それは「ぬるま湯」の環境にもなりかねません。能力のない社員も雇い続けなければならず「窓際族」が生まれたり、それを見ている社員たちの活力も削がれたりすることがデメリットでしょう。

ユニクロなどを展開するファーストリテイリングは「完全実力主義」を掲げ、給与体系も等級ごとに年収が定められています。退職金制度はありません。そのため実力のある人は、基幹店の店長まで出世して年収3000万円といったことも可能ですが、実力のない人にとっては、何年働いても給与は上がらないし退職金もないしで、定年まで働くメリットはありません。

これは皮肉なことですが、**退職金がないことで、「窓際族」を生まず、社員の転職も多い、人材流動性の高い職場になっている**といえます。

プロジェクト型雇用が広がる

年功序列は、とりあえず社内の秩序が保たれるという点においてはメリットがあります。上司は必ず自分より年上の人だから、年下から指示を出されるよりは受け入れやすいのです。一方でデメリットとしては、能力がない人が「年上だから」という理由だけで上の地位に就くことが挙げられます。とはいえ、能力があるからと飛び級のような形で若い人をいきなり部長にしたりすると、部下が言うことを聞いてくれるか悩ましい事態にもなります。

やりやすいのは、職階はともかく**業務ごとにプロジェクトチームを作り、そのプロジェクトに関して能力のある人がチームリーダーになる**、という形でしょう。あくまでそのプロジェクトを成功させるためにチームリーダーを務め、終わったらまたチームが解散して別のチームを作る。そういう柔軟性のある組織を作ることが、これから生産性の高い働き方を目指すうえでのひとつの解決策になるはずです。

その発展型として、プロジェクトごとに個人が企業などの組織の仕事を請け負って働く

「プロジェクト型雇用」も広がっていくでしょう。そうなれば、プロジェクトを遂行するスキルがあると認められてプロジェクトに呼ばれる人には仕事も報酬もありますが、呼ばれない人には仕事も報酬もないという、完全に能力主義の世界となりそうです。

まさに終身雇用の対極で、「すべてがプロジェクト型雇用になるのは怖い」と感じるビジネスパーソンは多いのではないでしょうか。フリーランスの人たちなどは、すでに慣れている働き方ですが……。

ただ残念ながら、日本ならではの終身雇用制度はこれから確実になくなっていくでしょう。

今の新入社員はそのあたりを割り切っていて、終身雇用なんてもはや幻想だとわかって入社してきますし、その分、3年ほどで辞めていく人もたくさんいます。「とりあえず今の会社で3年くらい働いて、スキルやノウハウを身につけたら転職しよう」あるいは「起業しよう」などと考える人が多いのです。

2040年にかけて、そういう人が社会で大半を占めるようになるでしょう。結果的に、その頃には日本にも自然とプロジェクト型雇用が広がっているかもしれません。

企業側が優秀な人材から選ばれる時代に

2040年に向けて、日本は人口減が加速するわけですから、企業の人手不足も加速していきます。

人手が足りないといつも嘆いている企業は、自分たちの仕事内容や将来性、あるいは賃金や休暇などの待遇が「魅力的ではない」と思われているのだと、早めにわが身を振り返るべきです。

仕事を選ぶ基準は、人それぞれの価値観によって違います。

自分が「面白そう」「やってみたい」と思う仕事が、「つまらない」と思う仕事より月収で1万円少ないと言われたら、あなたはどうでしょうか。「たった1万円の差なら、面白そうな仕事のほうをやりたい」と思うのではないでしょうか。

しかしこれが、「つまらなそうな仕事のほうが、月収で10万円も高い」という条件だったらどうでしょう。それでも「給料だけがすべてではないし」と面白そうで給料の安い仕事を選ぶ人もいれば、つまらなそうで高い仕事を選ぶ人もいます。その判断基準は、それそれの価値観になってきます。

だからこそ人を集めたい企業は、自分たちの会社の魅力は何なのか、仕事自体の魅力なのか、将来性なのか、賃金なのか……などと、よく考えるべきです。

プロジェクト型雇用になれば、毎度毎度、プロジェクトを立ち上げるたびに優秀な人を集めてくる必要がありますから、**企業側は優秀な人たちに選ばれる企業になるために、自社の魅力を追求し、言語化しておくべき**でしょう。

過渡期におけるリスキリング

岸田政権は**「リスキリング（新しいスキルの学び直し）」を推進**しています。政府として、個人のリスキリング支援に5年間で1兆円を投じると2022年秋に発表しました。リスキリングがなぜ大切なのか。それは、スキルは教養よりも、陳腐化するのが早いからです。特にITの進化などで時代が大きく変わりつつある今は、スキルの陳腐化のスピードも加速しています。

学生時代に学んだことも、多少は変化していきますが、基本的には大部分が「使える部分」のまま残ります。これが**教養（リベラルアーツ）**です。直接には仕事の役に立たないかもしれないけれど、いずれじわりじわりと役に立ち、生涯使えるものなのです。だからこそ、学生時代に教養はしっかりと学んでおいてほしいものです。

一方、就職してからすぐに、あるいは直接役に立つようなことが「スキル」です。こうしたスキルは、いずれ役に立たなくなります。そうしたスキルをアップデートしていくのが「リスキリング」です。スキルは、「ちょっと古びてきたな」と思ったら改めて学び直し、それによって常にリニューアルしていく必要があるのです。

リスキリングをしようとするときには、「自分を知ることができる」というメリットもあります。

「将来に向けて、自分はどんなスキルを身につけたいのか」と考えや思いを深掘りしていくことは、自分を発見するきっかけになるからです。

「今の仕事とは直接関係がないけれど、こういうことも学んでみたい」などという考えが浮かんできたら、それが実はあなたがやってみたい仕事なのかもしれません。「学びたいものを選ぶ」ということは、新しい人生が生まれるきっかけになることだと思うのです。

「スキルが陳腐化してきているのは感じる。だからリスキリングしていかなきゃいけないけれど、やる気が出ない」というときは、逆に、今の仕事が嫌になったり飽きたりしていることへのサインの場合もあります。

リスキリングは面倒くさい、と思う人は、一度「役に立つかどうか」から外れて、教養でも何でもいい、少しでも自分の興味のあることから少しずつ挑戦してみるといいでしょう。

今30代や40代の人は、古い価値観の残る日本社会、たとえば年功序列で体育会系、飲み会や社員旅行をするといった日本企業特有の文化も知っています。一方で、若い人たちの割り切った考え方、数年であっさりと転職するような価値観も、ある程度理解ができることでしょう。社会が変化する過渡期の、「狭間《はざま》の世代」です。そんな30代や40代が、2040年には中高年世代になります。今30歳なら46歳、40歳なら56歳になります。

変化の激しい世の中で、リストラに怯えたり、若い世代についていけないと悩んだりせず、働き続け、稼ぐことのできる人間でいられるかどうか。その分岐点が、**リスキリングにある**といえます。

社会人が大学院で「学び直し」しやすくなっている

経済系週刊誌で「コスパの良い大学院入試」という大特集があり、笑ってしまいました。昔の大学院入試はとても難しいものでしたが、今は大学も少子化のために何とか学生を増やして学費収入を得ようとしており、社会人なら面接だけで入れるという大学院が国立、私立を問わずたくさんあるのです。

東京大学大学院ですら、コースによっては英語の外部試験の成績と面接だけで合格できるところがあります。もちろん研究計画書は提出しなければなりませんが。

自分の出身大学よりもレベルの高い大学の院へ進学し、最終学歴をより良くする「学歴ロンダリング」も、容易になっているというわけです。

学校側としては、学生数を増やして学費を集めたいという意図もあります。しかし一番は、学習意欲が旺盛で向上心のある社会人が大学院に来てくれると、学生たちに大変な刺激になるという点が重要です。**大学院でさまざまな業種の社会人たちと知り合うことで、学生たちは視野や人脈がぐんと広がり、その後の就職などの人生に生きてくる**というわけです。

これは大学も同じことです。私の大学での授業にも、社会人学生が出席してくれています。社会人学生はみんな前のほうの席に座り、活発に質問もします。名古屋のある私立大学で戦後日本の経済史を教えていたとき、トヨタ自動車のエピソードを話していると、社会人学生が挙手をして「先生、そのとおりです」と発言してくれました。彼はトヨタのOBで、学生たちも盛り上がりました。

私もNHKを退職した後、もう一度きちんと勉強し直そうと、社会人学生としていろいろな大学のいろいろな講義を受けました。拓殖大学のアジア講座や、慶應義塾大学の金融論、明治大学の外国為替講座などです。企業派遣で来ている社会人が多い中、身銭を切って受講していた私のような人は非常に少なかったのですが、だからこそ「しっかり学ぼう」という意欲が湧きました。

社会人学生になるメリットとして、学生期間中は大学図書館が自由に使える、という点もあります。憧れのキャンパスを散歩することもできますね。リスキリングやリカレント教育（生涯にわたって教育と就労のサイクルを繰り返すこと）に力を入れる大学、大学院は増えていますから、仕事の後や土日など、自分の都合のいい時間に開講している講座を探して、学び直しをしてみてください。

未来を大胆予想！ 仕事編

明るい未来

AIの導入により、業務はある程度淘汰されるが、全体的に生産性が向上。人々のワークライフバランスも良くなり、リスキリングをする時間的ゆとりも生まれる。

また人手不足が進んだことで、各業界で賃金が急上昇。特に社会生活の維持に必要不可欠なエッセンシャルワーカーの賃金や、コンテンツ制作者の賃金などが上がる。

池上彰が明るい未来、暗い

暗い未来

人手不足が深刻化し、さまざまな分野で社会が機能しなくなる。特にエッセンシャルワーカーの人手が足りず、物流が滞り、第一次産業が廃れるなど、人々の社会生活はどんどん不便になっていく。企業も人手不足により新しい挑戦ができず、先細り感が高まる。そうして売上も伸びないと、社員を増やそうとしても高い給料が払えず人が集まらない、という悪循環に陥る。海外企業の下請けの仕事しかないという日本企業も続出。

Chapter 02

教育編

〜未来を生きるわが子に必要なこと〜

学校教育の変化は子どもたちの未来にどう影響していくのだろうか？

通信制高校に通う生徒が急増！オンライン教育は当たり前に

学校に通う子どもたちの側に、少しずつ変化が起きています。最近は、**通信制高校の生徒数が急増**しています。学校に通うのが苦手な生徒や、自分のペースで勉強したいと考える生徒から、通信制高校は人気です。通信制高校は毎日決まった時間に登校する必要がなく、登校の頻度は学校によってさまざまです。レポート提出が中心で登校は年４回のみといった学校もあります。

２０２０年５月には生徒数が初めて20万人を超え、その後も増え続け、23年５月には約26万５０００人の生徒が通信制高校に在籍しています。23年度の高校生全体の生徒数は約２９１万９０００人のため、通信制に通う生徒の割合は約９パーセント。高校生の約11人に１人が、通信制高校で学んでいることになります。なお定時制高校に通う生徒は、約７万４００人で２・４パーセントです。

高等学校の生徒数（定時制・通信制の推移）

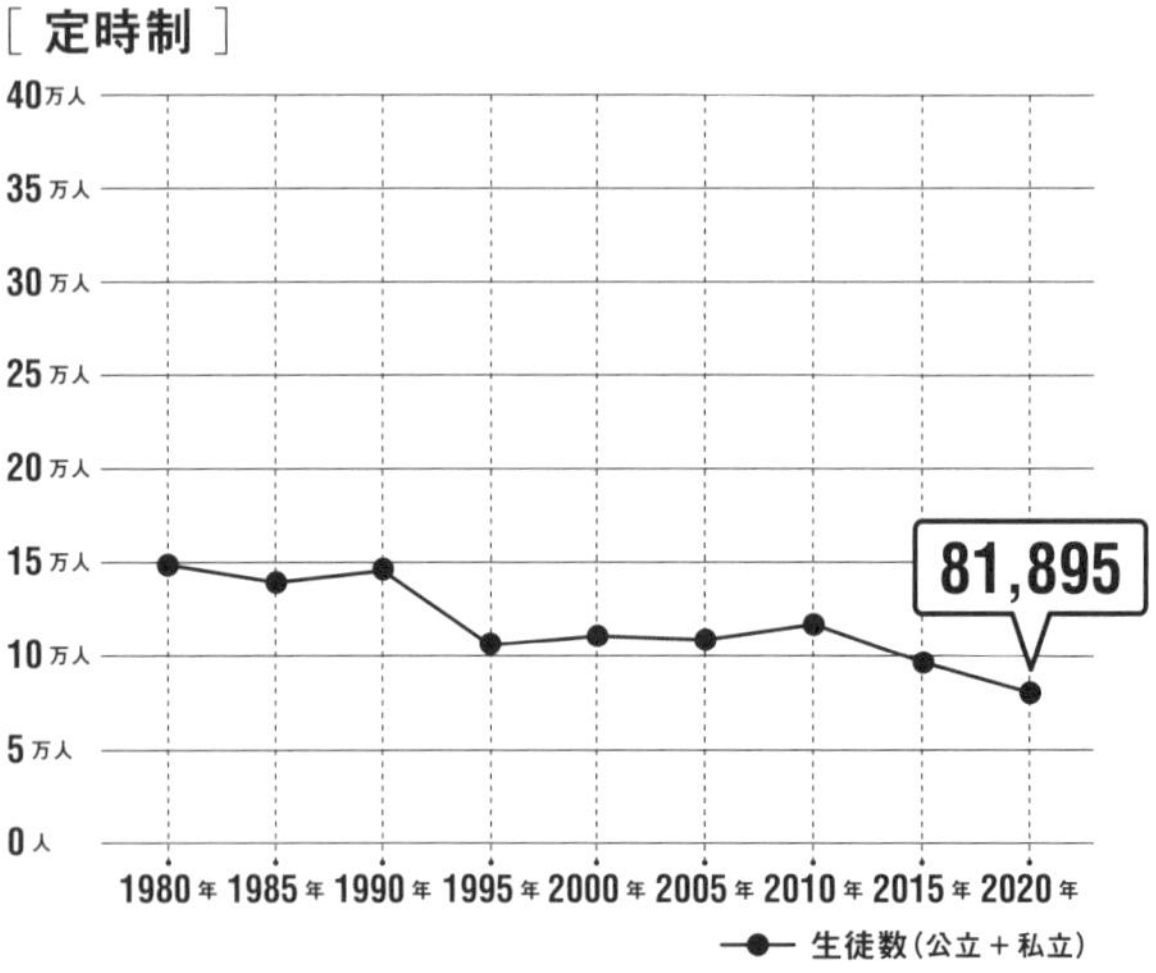

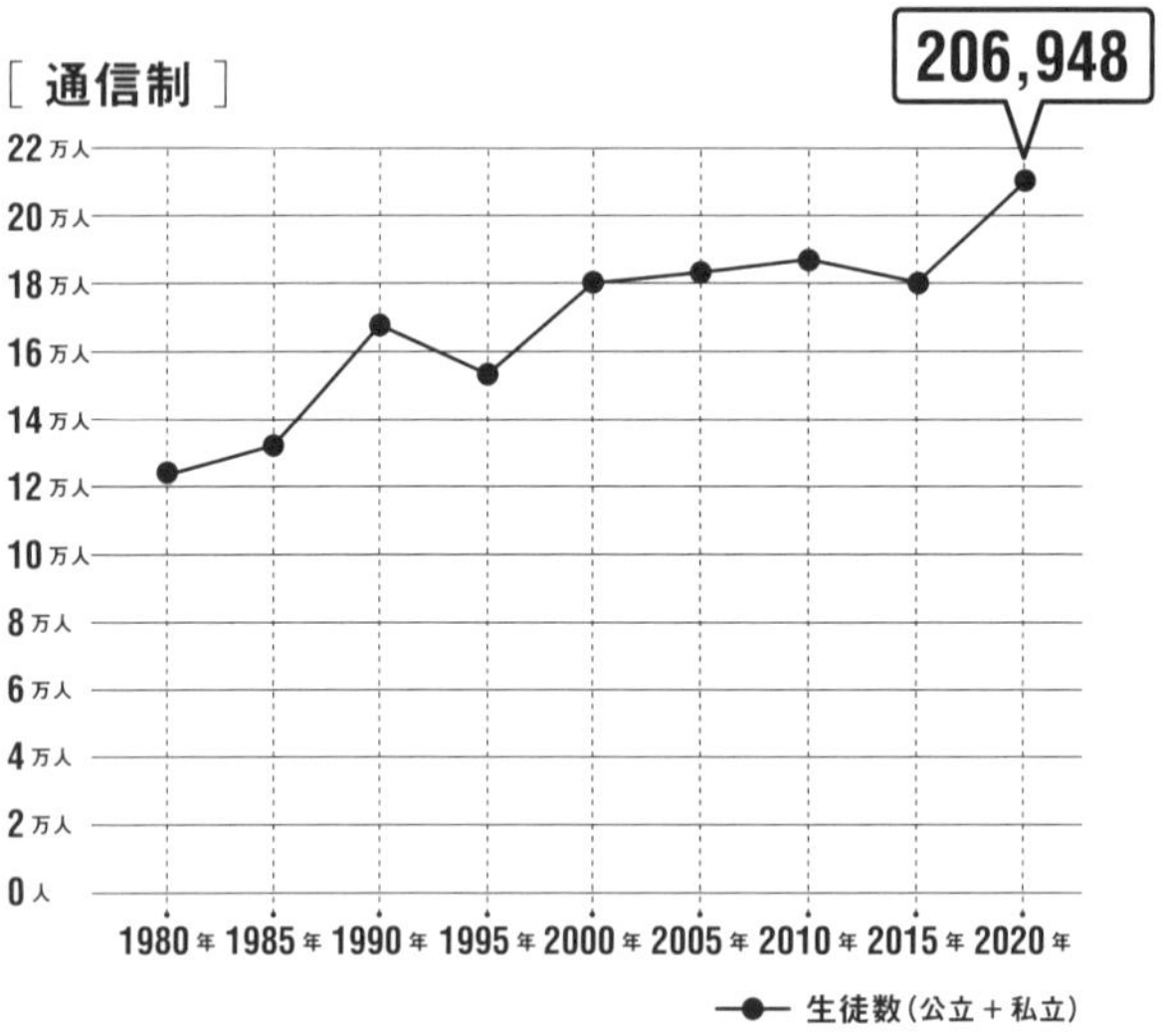

文部科学省「学校基本調査」（高等学校の生徒数（過程別・推移）をもとに作成）
https://www.mext.go.jp/content/20200522-mxt_koukou02-000007159_32.pdf

通信制高校の生徒数が増えている背景には、通信制高校の数自体が増えていることも挙げられます。**03年に規制緩和で**株式会社による学校設置が認められたことで、00年の44校から21年には183校と、**4倍以上に激増**しました。

通信制高校の中で最近話題なのが、「N高等学校（N高）」（沖縄県）、「S高等学校（S高）」（茨城県）です。出版・映画・ゲームなどを手掛けるエンタメ企業のKADOKAWAと、KADOKAWAの子会社でIT企業のドワンゴが運営しており、23年6月の生徒数は2校合わせて約2万5000人に上ります。通信制高校に通う生徒の1割ほどが、N高・S高に通っている計算になります。高卒資格を取りながら自分の好きなことや将来へつながることを学べる点が人気で、授業のほか、生徒同士のコミュニケーションやレポート提出、部活もオンラインで行います。選択制の課外授業では、プログラミング、ボーカロイドなどの音楽づくり、ゲーム制作など、180以上のプログラムから選択ができます。「一斉授業では自分のペースで学べない」「個別最適な学びには通信制が適している」という考えで運営している学校だそうです。

コロナ禍を経て、毎日会社へ出社せず、オンラインで働く大人たちも増えました。オンラインで学ぶ子どもは、今後もさらに増えるでしょう。

現在の学校制度が万能なわけではない

日本の現在の学校制度は、第二次世界大戦後に日本を占領したＧＨＱ（連合国軍最高司令官総司令部）が、教育の機会均等を目指して整備しました。

学校制度は、万能なわけではありません。さまざまな能力、性格、家庭環境をもつ子どもたちが、毎日学校という場に集まり、集団で一斉授業を受けるということに関しては、いい面も悪い面もそれぞれあります。

たとえば過去や現在に不登校を経験するなどして、対人関係や学校という場に不安感がある子は、一斉授業を行う学校よりもフリースクールや通信制高校などのほうが通いやすいでしょう。

最近日本でも注目されるようになってきた問題として、「浮きこぼれ」というものもあります。学力や学習意欲が高いために、学校の授業が簡単すぎて苦痛に感じたり、同い年の子たちと話が合わず浮いてしまったりする状況のことで、学力の低さによって取り残されてしまう「落ちこぼれ」の対極にある問題です。浮きこぼれの子が、学校に通う意味を見出せずに不登校になってしまうケースもあるため、その場合もフリースクールや通信制高校のほうが通いやすいかもしれません。

「浮きこぼれ」の才能を生かしきれない現在の日本の教育

海外では、浮きこぼれの子どもはどんどん「飛び級」をすることができます。11歳でベルギーのアントワープ大学の物理学の学士号を取得した子もいれば、14歳でアメリカのサンタクララ大学工学部を卒業し、イーロン・マスクの会社「SpaceX」に就職することが決定した子もいます。スマホの「iPhone」を生み出したスティーブ・ジョブズも、学生時代に飛び級をしています。

日本でも1997年に「飛び入学」制度ができましたが、大学なら「高校に2年以上在学した者（またはこれに準ずる者）」、大学院なら「大学に3年以上在学した者（またはこれに準ずる者）」が入学できるという条件のため、飛び級で短縮できるのはたった1年ずつで、**海外のような大幅な飛び級はまだできません。**

ジョブズのような突き抜けた人材が出てこない日本社会の背景には、浮きこぼれのような才能を持つ子どもたちを生かしきれない、日本の教育上の問題も関わっているといえるでしょう。

とはいえ海外で飛び級をした子も、学力的には自分に釣り合う学年に移動しても、他の面で問題を抱える場合があるそうです。たとえば中学生の年齢で大学に入ると、まったく友人ができないなどです。精神面に関しては、同じ世代と一緒に育つことに意義もあるのです。

２０４０年に向けて、不登校や浮きこぼれなどで既存の学校に通うのが難しい子どもたちも通いやすい、多様な「学びの場」がどんどん増え、誰もが楽しく学べる環境が整えばいいなと思います。

「コミュ力」を鍛える場は必要

では、今の日本の学校制度が万能ではないとすると、一斉授業を行うような既存の学校に行く意味はまったくないのでしょうか。

私としては、一斉授業を行う学校に行きたくても行けない子、どうしても合わずストレスを感じる子は別にして、行けるのならばぜひ行ってほしいなと思います。

なぜなら、**学校は勉強をするためだけに行く場所なのではなく、人とのコミュニケーションを学ぶ場でもある**からです。

友だちと仲良くなったり、ときにケンカをしたり、先生に褒められたり叱られたりしながら、若いうちに人とのコミュニケーションの取り方を学び、人と人とのつながりがどういうことなのかを身をもって経験してほしいと思うのです。

仲間とともに、行事や部活動などを通じて目標に向かって行動しやり遂げることは、その結果がどうであれ、貴重な経験と思い出になります。

あるいは学生時代に恋愛をして、幸せな気持ちになったり不安になったりするのも、人間が成長するうえでは重要な経験です。

そうした経験こそが、将来にわたって必要な「生きる力」の土台になり、社会に出てからも役立つはずです。**未来の世界がどんなに今と違うものになったとしても、「他人と関わりたい」という思いは、人間の持つ不変の欲求だから**です。

なお教育には、先生と生徒の直接のふれあいも欠かせません。最高裁判所は、子どもが教育を受ける権利の法的性質として、「(子どもの教育は) 教師と子どもとの間の直接の人格的接触を通じ、その個性に応じて行われなければならない」と述べています。

つまり教育という観点では、動画を見たり本や教科書を読んだりするだけでは不十分で、人間同士での教える・教えられる関係も必要なのだということです。

いつの時代も子どもは遊びを通して人間力を学ぶ

今の子どもたちは、2040年に向けて「人間力を生かした働き方」ができる人になるべきです。

AIに仕事を奪われない人は、人間力のある人だからです。

小さな頃から塾に行って知識を詰め込むよりも、友だちと外で遊ぶほうが人間力を鍛えることができます。都会では、友だちがみんな塾に行ってしまって遊び相手がいないといった難しい問題も生まれていますが……。

私の子どもの頃は、野原でいろいろな年齢の子どもたちが一緒になって遊んでいました。すると小さな子どもも一緒に遊んでやるために、小学5、6年生などの上級生が責任感を持って場を取り仕切る、ということがよくありました。かくれんぼなら、小学1、2年生がつかまってもその子は鬼にはならなくていいという特別ルールがある、鬼ごっこなら、小学1、2年生にはわざとゆっくり走って追いかける、などです。この下級生の子たちのことを「みそっかす」と呼んでいました。

小さな子も楽しめるように手加減をしてあげる、という形で一緒に遊んでいると、自然と「年齢の違う人たちに目配りをしながら、どう統率していくのか」というリーダーシップを身につける子が出てくるのです。みんなが同じ年齢だと必要のない統率力、リーダーシップが、異年齢だからこそ必要になってくるというわけです。

それが結果的に、人間力や思いやりにつながります。

今はそうした機会があまりないため、保育園や幼稚園、小学校などで「縦割り」の時間が設けられ、異なる年齢の人たちとの交流が図られています。

また昔は、親が地域で活躍しているところを子どもたちも見ていました。お祭りや町内会、子ども会などの手伝いをしたり、町内でトラブルがあると仲裁をして解決に導いたり、今振り返れば、そうした親の後ろ姿を見ることも子どもにとって人間力を身につけるための勉強になっていたなと思います。親が家族以外の人たちとどのようなコミュニケーションを取っているのか、その姿を見るという経験も、ささやかなようで貴重なものなのです。

まさにそういう**「アナログな子育て」が、２０４０年になっても必要**なのです。

2040年に働き盛りとなる今の子どもたちに必要なのは幅広い教養

子どもが進路について考えるとき、「こんなに何教科も勉強する必要はある？　将来役立つスキルに絞って勉強したほうがいい」と考える子や、「やりたい仕事が見つかったから、それに関する勉強だけに専念したい」と考える子などがいます。

これに関する答えとして、大人としては「ひとつのことに没頭するのもいいけれど、子ども時代には興味のないことにもいろいろと触れてみて、視野を広げたり、教養を身につけたりしてほしい」と考えます。

社会に出て働くとなれば、スキルはもちろん重要になります。しかし1章でも述べたように、**教養はいずれじわりじわりと役に立ち、生涯使えるもの**なのです。

たとえば「寿司職人になりたいから勉強なんか必要ない。早く修業して一人前になりたい」という進路の決め方も、もちろんいいでしょう。寿司職人として寿司店に就職し、ひたすら寿司を握っていくだけなら、おいしい寿司を作る技術さえ身につければ事足ります。

しかし、「いずれ自分の店を持ちたい」という夢もあるのなら、経営について学ぶ必要があります。魚などの仕入れ値が変動すると店の利益率はどうなるのか、多くのお客様に来店してもらうためにはどういうマーケティングや広告活動をすべきなのか。あるいは、インバウンドの外国人客にはどういう寿司ネタが人気なのか、地球温暖化で獲れる魚が変わったり、養殖技術が発展したりすると、寿司店に将来どんな影響がありそうかなど、最低限の経済学の知識や社会動向を知っておかないと、経営はうまくいきません。

また、一職人としてカウンターの奥で黙々と寿司を握るだけならいいでしょうが、経営者ともなれば、カウンター越しにお客さんといろいろな会話をしなければいけないでしょう。そのとき社会常識を持っていないと、会話が続きません。

もちろん、若いうちに寿司職人になるための修業に出て、ある程度スキルを積んで大人になってから、それこそ通信制の高校や大学に入って学び直す、という進路もありでしょう。昔に比べて学びの場にもいろいろな選択肢が広がっていますから、それをフルに活用するのです。

大人になっても必要な「教養」は軽視せず、学べる機会に、自ら積極的に学んでほしいと思います。

高校まで義務教育化し無償にしないと教育分野の未来は暗い

教養が必要なのは万国共通ですが、教育制度は、国によっていろいろと違います。日本の小・中・高校が6・3・3制になったのは、第二次世界大戦後日本を占領したGHQで教育担当だった人物が、自分のふるさとの州の6・3・3制を導入したからで、たまたまです。アメリカは州によって教育制度が違います。

日本は小・中学校の9年間が義務教育かつ無償期間ですが、お隣の韓国は義務教育期間が日本と同じ一方で、保育園・幼稚園から中学校までが無償期間、さらに高校も無償化されています。

イギリスは6・5・2制で、義務教育は5歳からの11年間、公立学校の無償期間は13年間です。フランスは3・5・4・3制で、3歳からの13年間が義務教育で、幼稚園や大学などすべての公立学校が無償です。

日本の高校授業料の無償化も2010年度から始まっていますが、一律ではありません。国が所得制限を設けて、世帯年収910万円未満の世帯を対象に公立の授業料にあたる年11万8800円を補助し、私立の場合は所得に応じて補助が増額されるという形になっています。

しかし今や、高校進学率は98・9パーセント（22年）です。**少子高齢化が進む日本を背負う子どもたちへ平等に投資するという観点で、高校までは義務教育にし、授業料は世帯年収にかかわらず一律無償化すべき**でしょう。

東京都と大阪府は、世帯年収の上限を撤廃し高校の授業料を実質無償化することを決定しました。「すべての子どもに学校選択の機会を広げるため」としていて、まさにもっともな理由です。

東京や大阪などの都市部は、地方に比べて平均世帯年収が高いとはいえ、近年の物価高騰や都市部の住宅価格の高騰により、子育て世帯の家計負担は増しています。

さらに国の子育て支援制度の多くや、大学の奨学金貸与の条件などにも所得制限が設けられており、世帯年収が910万円を超えると教育費の自己負担が一気に増します。そのため家計のやりくりが大変だと感じている子育て世帯は多いのです。

変化しつつある日本の教育現場

日本の教育現場は、さまざまな変化をして、時代に合わせた教育をしようと努力しています。従来は一斉授業のように、教育環境にも平等主義が重視されてきました。しかし学力の格差を縮小すること、突き詰めれば学力下位層をいかに減らすかということに重点が置かれるようになり、2001年度から「少人数指導」をするための教員の加配が開始されました。全国での習熟度別少人数数学習指導の実施率は、00年度が小学校で38・8パーセント、中学校で31パーセントでしたが、加配が始まったことで増え続け、13年度には小学校で82・9パーセント、中学校で78・9パーセントへと急増しました（文部科学省16年度調査より）。

習熟度別少人数数学習指導の時間を多くとっている学校のほうが、学力上位層が多く学力下位層が少ないという調査結果も出ています。一人ひとりの理解に合わせた指導をすることが、それぞれの学力を伸ばすことに寄与するというわけです。

「ゆとり教育」も、私は基本的に大賛成です。ゆとり教育は02年から11年の間に行われた義務教育を指し、限られた授業時間でカリキュラムを詰め込むのではなく、できる限り自分でものを考えよう、そうすれば生涯にわたって学び続けることができるはずだ、という発想での教育でした。ゆとり教育を受けた世代（24年春時点で20歳から37歳）を「ゆとり世代」と言いならわしています。

ゆとり教育を始めた直後の03年、3年おきに実施されている経済協力開発機構（OECD）の学習到達度調査「PISA」の成績で日本の順位が下がり、「ゆとり教育のせいで学力低下が起きた」と騒がれたことがありました。しかしこのときPISAのテストで日本の順位が下がったのは、それまで参加していなかったオランダや香港が参加してきたからで、日本の子どもたちの学力はさほど下がってはいませんでした。因果関係がはっきりしない中で、「ゆとり教育は失敗だった。詰め込み教育のほうがよかった」などと、ゆとり教育が徹底的に否定されたのは残念でした。

その後09年のPISAの順位は上がり、「やはり詰め込み教育のほうがいいんだ」とまた騒がれましたが、実はこのときPISAのテストを受けていたのは、ゆとり教育を受けていた学年です。そういうことも理解せずに騒ぐ人自身の学力のほうが心配ですね。

今はゆとり世代が社会に出て、社会貢献を目指した起業をしたり、スポーツの世界で異次元の活躍をしたりしています。これまでの日本社会ではあまり見られなかったような、想像力豊かな人生の切り開き方をする人たちが増えているのは、ゆとり教育のおかげかもしれないと感じます。

ゆとり教育では、「総合的な学習の時間」が設けられ、一人ひとりが自分の頭で考えることを重視するスタイルの授業も進められました。週に3時間ほど、教科書を離れて先生たちが自由に授業をすることになり、先生たちにとっては突然自分の力量が試されることになりました。自由に考え、ディスカッションをする授業ができた先生のところでは、子どもたちの考える力が伸びたものの、どうしていいかわからなかった先生のところでは、ワイワイガヤガヤとおしゃべりをするだけで終わってしまったこともあったそうです。

ただ少なくとも、**知識をひたすら詰め込むのではなく、自分で考え意見を述べ合い判断する、そんな力をつけるための取り組みが教育現場で進められたことに意義がある**と思います。この「総合的な学習の時間」は、現在も小・中学校、高校で続けられていて、教える側のスキルも磨かれていることでしょう。**２０４０年には、日本の社会人の多くがディスカッションを得意としているかもしれません**ね。

教員不足で自治体ごとに「教育格差」が生まれる

少人数指導や、総合的な学習の時間でのディスカッションなどを増やしていくとなると、**今のままの教員の人数では足りず、増員する必要があります。**また近年は小学校や中学校で特別支援学級が急増しており、それに伴う教員需要も増しています。

しかし今すでに、教員不足が大きな問題になっています。

2022年5月時点で、全国の公立小・中学校、高校、特別支援学校では、2778人もの欠員が出ていました（日本経済新聞社調べ）。また教員採用試験を受ける人もどんどん減っていて、公立学校教員の24年度採用試験の志願者は全国で計12万7855人と、20年度と比べて15・5パーセントも減少しているのです（朝日新聞社調べ）。

教員採用試験の競争倍率は3・5倍ほどであるため、今はまだ優秀な人材を採用できていますが、これが2倍を切ると、教員の質が急激に下がってしまうといわれています。

教員不足の背景には、教員の賃金の低さと、業務の負担が多く激務だということがあります。

激務の背景には、理不尽な要求をしたり文句を言ったりする保護者**「モンスターペアレント」が増えたこと**も挙げられます。最近は、保護者からの個人的な電話に悩まされている教員も多いと聞きます。

うつ病などの精神疾患を理由に病気休職をする公立学校の教員数も増えています。22年度には過去最多の６５３９人に上りました。

原因は人によってさまざまですが、主な要因は突き詰めると結局、教員の人手不足とそれによる激務なのだといいます。自分も同僚も上司も、皆が長時間労働を続ける中で、周りにも助けを求められず、子どものために頑張りたくても頑張れない状況に追い込まれ、心が折れてしまうのです。

教員不足や、教員の質の低下は、子どもたちに影響を及ぼしてしまいます。学校生活で生徒に問題が起きても、教員が子どものＳＯＳのサインに気づけなくなったり、子どもの理解が進むような工夫した授業ができず「勉強が楽しくない」と感じる子どもが増えてしまったりします。

教員をどれくらい採用するかは各都道府県・政令市の権限、裁量となっており、文部科学省の仕事ではありません。このまま教員不足が深刻化すれば、教員が足りている自治体、足りていない自治体とで、教育の質に格差が出てしまうことでしょう。

そして「世帯の経済状況や居住地にかかわらず、一定水準以上の質の教育を受けられる」という日本の公立学校の良さが失われてしまう恐れがあります。

フィンランドの教員は教えることだけに専念

教員不足を解消し、教員の質を担保するためにも、**2040年に向けて教員を人気の職業にしなければいけません。**給料が高く、雑用がない、教材研究と教えることだけに専念できる環境を整えなければいけないのです。

以前、学力の高いフィンランドの学校を取材しました。フィンランドの学校はほとんどすべてが公立です。

フィンランドでは大学院を卒業しなければ教員になれず、教員という職業は社会的に尊敬されるのです。教員は学校での雑用は一切せず、学校で子どもたちに教えることだけに専念します。自分の授業が15時に終わる日があれば、子どもたちの下校時間も同僚の終業時間も待たずに、さっさと帰ります。

すると、自分の子どもを保育所に迎えに行く時間のゆとりもあります。家でゆっくりと料理をして、子どもと一緒に夕食をとることができます。給料は一般公務員と同じですが、ワークライフバランスが取れるわけです。その結果、翌日も熱心に子どもたちを教えようという意欲や、教材研究をしようという意欲も高まります。

保護者への対応は学校の事務職員が行いますが、そもそも理不尽なことを言ってくる保護者はほとんどいません。

さらに生徒への対応も、それぞれ業務ごとに分担されています。クラブ活動は、子どもたちがそれぞれ地域のスポーツセンターに行きます。授業が終わる時間になると、スポーツセンターから送迎バスが来て、子どもたちはそれに乗って行くのです。

生徒の進路指導は、あまりやらないそうです。日本の中学や高校では、「どんな学校に行きたいですか」と保護者を交えての懇談があり、「あなたの成績だと偏差値がこれくらいだから、このへんの学校はどうですか」などと教員がアドバイスをします。私もつい、フィンランドの先生に「どうして進路指導をやらないんですか？」と聞いたところ、「子どもがどこの学校、どこの大学に行くかということは、その家庭が決めることです。どうして外部の教員がそんなことに口をはさむ必要があるんですか？」と、逆に質問されてしまいました。言われてみれば確かにそのとおりですね。

子どもの生活指導や、子ども同士のもめごとへの対応は、スクールカウンセラーが行います。休み時間も、子どもたちは運動場で遊び回っていますが、教員が見守りをするということはありません。

こうしてフィンランドの教員は、あくまで教えることだけに専念できるのです。

こう見ると、日本は教員という職業の人に、あれこれと求めすぎだということがわかります。さらにそれが増長していった結果、モンスターペアレントという存在が生まれ、理不尽な要求をするようになったのでしょう。保護者側の意識改革が必要です。

２０４０年に向けて、教育に関する明るい未来をつくるためには、なんといっても学校の教員が社会的に尊敬され、給料も高い、業務の負担は少ない、憧れの職業にならなければいけません。その責任は、政治にかかっています。

都市部では親の所得による教育格差が進む

ゆとり教育で、円周率を「3・14」ではなく「3」と教えることになった、というニュースがセンセーショナルに流れたときがありました。

このとき、大手進学塾が「円周率よ　さようなら」というコピーでキャンペーンを行い、公立校では子どもたちの学力が低下するかのように不安をあおりました。実際は学習指導要領の円周率は3・14のままで、指導要領の中にあった「目的に応じて3を用いる」という文言が切り取られてひとり歩きをしただけだったのですが、この頃を境に私立中学を受験する人が増えていきました。

ただ私立中学の受験が過熱しているのは、今でも首都圏や関西圏、および広島県くらいです。それ以外の地域では、基本的に公立志向です。

地方では、高給の仕事が都市部ほどにはないため、私立の高い学費を払うことに抵抗があるのです。また子どもの数も母数自体が少ないため、地方だとそもそも私立の学校は生徒が集まらず、経営的にやっていけません。

さらに東京にいるとあまり考えられないでしょうが、地方にはまだまだ「国立や公立の『おかみ』が上で、私立などの民間は下」という意識もあります。そのため就職も公務員が一番人気だったりします。そもそも、私立の人気がないのです。

たとえば鹿児島県では、私立中高一貫男子校のラ・サール学園が有名で、寮があるため西日本の各地から入学希望者が集まります。

しかし地元鹿児島県の成績優秀者は、県立鶴丸高校に行きたいと考えるし、実際に行きます。ラ・サール学園を見て「全国的にも私立が人気だ」と思うのは間違いで、私立中学受験が盛んなのはあくまで都市部での現象です。

その都市部では、中学受験が過熱する悪循環が起きています。

都市部においては、成績優秀者やリーダーシップをとれるような子が中学受験をして中高一貫校に行ってしまうことで、公立中学の生徒は学力面や意欲の面で、いまひとついう子が多くなりがちです。受け身の子どもたちが多くなってしまっているのです。

こうした現象に対する危機意識が強いのが東京都で、都立の中高一貫校を増やしました。つまり「青田買い」と言ってはなんですが、優秀な子を中学入学の段階で中高一貫校に集めて、私立に逃げられないようにしようとしたわけです。

しかしそれによって、ただでさえ私立は中高一貫校が多く高校から入れるところが少なかったのに、都立も高校から入れるところが少なくなってしまいました。私の母校の都立大泉高校も、今では中高一貫校になり、高校からの入学はできなくなりました。

結果的に、私立でも公立でもとにかく中学受験をしないと、高校受験で入れる進学校は定員が少なくて大変だということで、ますます中学受験が過熱しているのです。

都立中高一貫校の入学試験は、読解力や作文力、論理的思考力が必要とされる独特な問題形式のため、塾に通って入試対策をする人も増えています。**東京都ではますます、親の所得による教育格差が拡がりつつあります。**

2040年、教育格差により日本は階級社会になる

こうして、中学受験のために小学生の頃から塾に通う都市部の子どもたちと、公立志向のために地元公立小・中学校に通い、高校受験で公立高校を目指し、大学受験で地元国立

大学を目指すという地方の子どもたちとでは、見ている世界が大きく違ってくることになります。

公立であれ私立であれ、質の高い教育を受けられるのならば、問題にはなりません。ただ2040年に向けて、教員不足がこのまま続き、公立小・中学校の教育の質の低下が起きてしまうとすれば問題です。高い教育費をかけられて私立の学校に通い高度な教育を受ける都市部の子どもたちと、地方の子どもたちとの間で、教育格差が大きくなってしまうことになるのです。

つまり親の経済力の格差が、子どもの教育格差に直結する。日本が格差社会、階級社会になってしまいます。

ただこれは、今になって始まったことでもありません。私が高校生だった1967～68年の頃、東京大学（東大）の学生団体が東大生の親の所得を調べたという記事を読みました。すると東大生の親の所得は、全国平均よりはるかに高いものでした。親の所得が高い子どもが東大に入るという傾向は、半世紀以上前からずっと続いているというわけです。

この結果はもちろん、所得が高ければ子どもの教育にお金をつぎ込むことができるということも示しています。

しかし教育に「課金」すれば必ず東大に行けるというわけではありませんから、「親の所得が高い子どもが東大に入る」現象には別の理由も隠れています。高所得層の親の多くは規則正しい生活習慣をしていて、朝ご飯を子どもにしっかりと食べさせ、親自身が家で読書をしていたり、政治経済や社会問題に関するニュースに日頃から触れていたり、仕事や趣味に関する勉強をしたりしています。子どもが親のそうした文化的習慣を見て「自ら学ぶ力」を得、東大に入れるレベルの学力に行きつく、というわけなのです。

教える側の「ICT教育格差」も広がる

義務教育の場でも、デジタル化が徐々に進んできています。

２０１９年12月に文部科学省から「ＧＩＧＡ（Global and Innovation Gateway for All、全ての児童・生徒のための世界につながる革新的な扉）スクール構想」が打ち出され、１人１台の学習者用パソコンまたはタブレット端末を全国の小・中学生に配布し、高速ネットワークを整備して授業に活用していくことが決まりました。コロナ禍の到来で端末の配布が前倒しされ、22年度末時点で、99・9パーセントの自治体の小・中学校に端末が行き渡っています。

しかしICT（Information and Communication Technology、情報通信技術）環境の活用度合いや使い方に関しては、地域や教員ごとにかなり異なっているとも報じられています。

23年度に実施された「全国学力・学習状況調査」質問紙の結果では、22、23年度ともパソコンやタブレットなどの1人1台端末を週1回以上使用している児童・生徒は8割超に上ったものの、「月1回以上」「月1回未満」という回答も小学校で13・5パーセント、中学校で12・3パーセントあったそうです。

1人1台端末を平常時にも週1回以上持ち帰り学習に利用している学校の割合も、全国の公立小学校で48・4パーセント、中学校で46・3パーセントと、半数以下にとどまっていることが文部科学省の調査でわかっています。

子どもたちは「デジタルネイティブ」世代でデジタル機器に慣れていますが、教員によっては慣れていない、ついていけないという人もいます。そもそも、デジタル機器を使って授業をしたり生徒とコミュニケーションを取ったりすることが、これまで想定されていなかったからです。教員を養成する大学でも、ＩＣＴ教育の方法はこれまで教えられてこなかったので、教員たちも何もわからないまま、手探りで試行錯誤しているのです。だからといって、デジタル機器が苦手な先生と得意な先生とで機器の活用状況に開きがあると、生徒たちの間に**「ＩＣＴ教育格差」**も生まれてしまいます。これは今後改善が望まれる点です。

教育現場がデジタルの利活用を進めるにあたっては、技術の進化へ素早く対応していく必要もあります。小学生であっても、チャットＧＰＴをはじめとした生成ＡＩを使う子はどんどん出てきています。ただ子どもは、生成ＡＩがネット上の情報を学習して「統計的にそれらしい回答」をしているのであって、間違っている可能性も多々あるということ、著作権を侵害している可能性もあるということなどを、きちんと理解できていない場合があるため、教育現場で自由に使うには危険もあります。

そのため文部科学省も、「初等中等教育段階における生成ＡＩの利用に関する暫定的なガイドライン」という通知を23年の夏休み前に出しました。たとえば「適切でないと考えられる例」として、「情報モラルを含む情報活用能力が十分育成されていない段階において、自由に使わせること」「各種コンクールの作品やレポート・小論文などについて、生成ＡＩによる生成物をそのまま自己の成果物として応募・提出すること」などを挙げています。

私の知人の子どもが通う小学校では、従来夏休みの宿題だった読書感想文を家で書かせず、２学期になってから教室で書かせていました。自分の感想だけメモ書きをしておいて、本文は学校で書くのだそうです。チャットＧＰＴなどを使ってズルをする子が出ないようにということです。

生成ＡＩを使いたいと考える人は、勝手にどんどん使うわけですから、学校で禁止をするというのはもはや現実的ではありません。そのため子どもたちには教育現場でも、生成ＡＩの問題点や、正しい使い方を教える必要があるでしょう。

ただ子どもたちに教えるためには、先生たちも生成ＡＩについて急ぎ学ぶ必要があるため、業務の負担はさらに増してしまいますが……。

家庭の経済状況による「ICT教育格差」も広がる

また**ICT教育格差は、家庭の経済状況によっても生じています。**

1人1台端末を家での持ち帰り学習に使うとなると、家庭でのインターネット回線の有無が問題になってきます。認定NPO法人キッズドアが食料支援をした全国の家庭（約6割が2021年の世帯年収200万円未満）に実施したアンケート調査（22年7月）では、家庭のインターネット回線が「容量制限あり」と答えた家庭が30パーセント、回線が「ない」家庭が11パーセントに上りました。回線が「ない」家庭では、インターネットを使った宿題が出たり、宿題そのものをインターネット上で送信して提出しなければならなかったりすると、宿題ができないということになります。

文部科学省はＷｉ－Ｆｉ環境を整えられない低所得世帯への整備費用として予算を計上しており、それを受けて自治体ごとに貸し出し用のＷｉ－Ｆｉルーターを学校に整備するなどの施策を行っていますが、これも地域によってばらつきがあるようです。またインターネット回線の月額利用料は、生活保護世帯へは実費支給、その他の世帯は利用者負担などとなります。

さらに高校生になると、生徒が使う端末の購入資金は国から出ず、各自治体の判断に任せられています。そのため、100パーセント自治体負担で端末を購入した自治体もあれば、保護者の負担を求めている自治体もあります。全額自己負担になる自治体に住んでいる低所得世帯では、端末を買うお金の工面に困ることになります。

このように、親の所得格差がICT教育格差となる可能性があるため、支援や細やかな目配りが必要なのです。

デジタル教科書の導入、2032年にはすべての書籍が電子ブックに

GIGAスクール構想で1人1台端末が配布されたことで、デジタル教科書も小・中学校に導入されつつあります。2024年度以降、すべての小学5年生から中学3年生に対

して、英語のデジタル教科書を提供し、その他の教科は今後段階的に提供されていくことが決まっています。学校教育法は、紙の教科書を使うことを義務づけていましたが、改正されデジタル教科書も使えるようになったのです。

現状では、デジタル教科書の内容は紙の教科書と同一のものです。しかしデジタル化するメリットとして、文字の拡大や色の変更、文章を音声で読み上げるといった機能があるため、学習障害や視覚障害のある子どもたちが学びやすくなることが期待されます。また教科書に付随する「デジタル教材」として、動画やアニメーションで英語のネイティブスピーカーによる音声を聞けたり、プロによる国語の朗読や音楽の演奏などを聞けたりする点もメリットになるでしょう。

ただしデメリットもあり、その検証がまだできていないため、導入を急がないほうがいいという意見もあります。デジタル教科書によって学習効果が上がる科学的根拠がない、紙のほうが記憶に残りやすいという指摘もある、デジタル教科書では読解力低下につながる可能性があるなどです。

紙で読んだ文章なら頭に入るのに、デジタルで読んだ文章は、そのときはわかった気になっていても実は全然記憶に定着していないという研究結果もあり、これが非常に難しいところなのです。

私も紙のほうが記憶に残るように感じています。深夜にどうしても参考文献で必要な本があって内容を確認したいというときは、仕方なく電子書籍のKindleで購入することがありますが、どうも頭に残らないようなのです。

日本語では、「ニュースをネットで見ました」「新聞で読みました」などと会話をしますが、まさにこれが正鵠《せいこく》を得ているのではないかと思います。多くの人が無意識に、電子だと「見る」、紙媒体だと「読む」と使い分けているのです。読むのではなく見ているから、記憶に残りづらいのかと思います。

やはり、紙という物質そのもののもつ力強さがどこかにあって、脳への刺激の度合いが違うのだと思うのです。直接人に会うこととオンライン上で人に会うことの違いを、コロナ禍を経て痛感した人も多いと思いますが、似たようなものでしょうか。

学校では、デジタルドリルも利用されています。

ただ私の知人の子どもは、夏休みの宿題としてデジタルドリルをやるように言われた際、「最後に記録される成績を良くしたい」とズルをしていたそうです。4択問題で、1度目に解くときはずっと①だけをクリックし続け、正解の選択肢を画面に表示させながら答えを丸暗記し、2度目に丸暗記した答えをクリックして全問正解をし、その「満点」の成績が学校側に通知されるようにしていた、と。気づいた母親が「そんなことでは勉強にならない」と叱ったそうです。

そんな方法を思いつくのはある意味賢いですが、「学ぶ」という観点からはまったく意味のない、宿題の「作業」をこなしただけになっています。

そう考えると、デジタル化で採点のしやすい選択問題ばかりを解くようになっては、本末転倒ですね。

漢字を書いて覚える、小数点何位まで出るかわからない中で割り算の筆算を延々と計算するなど、勉強にはそうしたプロセスが大切です。子どもの学びの場で、すべてをデジタルにしていいのかというと、実はかなりの問題があるのではないかと思っています。

しかし文部科学省は、未来予測として**「全ての書籍が電子ブックとなる（紙による本の消滅）：科学技術的実現時期2028年、社会的実現時期2032年」**とも発表しています。紙の本を読んでいた高齢者が小さな文字を読みづらくなって電子ブックに切り替えたり、デジタル教科書で育った子どもたちが紙の本に見向きもしなくなったりするのかもしれません。果たして、それでいいのでしょうか。

低学歴社会日本

日本はどんどん「低学歴国」になっている、という指摘があります。低学歴とは、高卒か大卒か、あるいは難関大学卒か否か、といったことではなく、学部卒（学士）か、修士か、博士か、という観点での「低学歴」を指します。

日本とアメリカの時価総額ランキング上位１００社の経営者を比べると、日本は学士が84パーセント、修士が15パーセントである一方、アメリカは修士が67パーセントで、うち博士課程修了者も10パーセントに上ります。

日本で、大学に行く人が増えても修士課程や博士課程に進む人が増えないのは、修士や博士になるほど民間企業への就職が厳しくなるからです。日本企業はいまだに、「修士や博士だなんて、そんな人は部下として使いづらい」などと敬遠し、「協調性があり真面目で、会社の言うことを素直に聞く、駒として使いやすい人」を好んで採用する傾向がありま す。外資系企業が、修士・博士でスキルを持つ人に高給でオファーを出すのとは真逆です。

日本企業は、そもそも学部卒の人にも大学で何を勉強してきたかを問いません。サークル活動で活躍した、アルバイトで仲間とともに頑張った、などというエピソードを話すだけで採用されることも多いわけで、大学で学ぶことと就職とが直結していないのです。企業側も、採用の手法をもっと変えていくべきです。

さらに日本は大学や研究機関などに正規の研究職のポストが少なく、博士課程を修了した後に任期付きの職に就いている研究員「ポスドク」が増えているという問題もあります。ポスドクは2年や3年などの任期付きですから、その間に研究で成果を出しつつ、その成果を持って職探しをする、ということを数年単位で繰り返さなければ生活できないという不安定な雇用状況に置かれてしまいます。

日本、アメリカ、イギリス、ドイツ、韓国、中国の6カ国で、人口100万人あたりの博士課程修了者が10年前より減っている（2018年度時点）のは日本だけというのも、納得の結果です。

日本のリベラルアーツは不十分

日本の大学は、リベラルアーツ教育が不十分という指摘もあります。

アメリカの大学で学ぶのは基本的にリベラルアーツです。大学の4年間は文系、理系関係なく、哲学や論理学、音楽などさまざまな教養科目を幅広く学び、ディスカッションなどを通じて論理的思考力を養います。

学生時代からディスカッションを繰り返してきて弁の立つ欧米の政治家に、今の日本の政治家が太刀打ちできないのは当然です。

アメリカでは各種職業に就くために必要な勉強は、大学院で学びます。MBAを取って経営者になりたければ、ビジネススクールという大学院に行き、弁護士になりたければロースクールという大学院に行きます。医師も、大学の4年間が終わってからメディカルスクールという大学院に行きます。

日本では1980年代半ば頃より、「大学で一般教養を学ぶのは面白くない、早く専門科目をやりたい」という声が学生から、「即戦力が欲しいから、1年生から専門を学ぶべきだ」という声が実業界から上がり、大学1年から専門科目を学べるような大学が増えていきました。

しかしオウム真理教の地下鉄サリン事件（95年）が起き、あれほど学力の高い学生たちがなぜあんなカルト宗教にはまったのか、と世間は騒ぎます。あるいは同時期に実業界からも「最近の新入社員は教養がない、常識がない、大学はどうなっているんだ」という声が上がり始めました。それでやはり教養は大事だと揺り戻しが起き、リベラルアーツという形で復活しつつあるというわけです。

奨学金問題の解決には国公立大学の無償化しかない

大学の年間授業料と入学料の合計平均は、2023年度で国立が約82万円、私立は約120万円です。この三十数年間で、国立は2倍、私立は1・6倍になりました。

しかしバブル崩壊後の平成の間、日本はデフレで賃金がほとんど上がりませんでした。さらに就職氷河期と呼ばれる就職難、小泉純一郎政権の構造改革による「非正規雇用」拡大などが重なり、大学を出ても非正規雇用でしか働けない若者は増え続けました。そうした中で、奨学金を借りる人も増加、返済に悩む人も増加しています。

なお奨学金という言葉は、国際的には進学によってもらえる返済不要のお金のことを指します。いずれ返さなければいけない、日本で「貸与奨学金」などと呼ばれているものは、本来は「学費ローン」です。いずれ返すという意識が薄いまま借りてしまう人が多い現状を鑑《かんが》みると、日本でも「学費ローン」と呼ぶようにしたほうがいいでしょう。

では大学進学にまつわる奨学金問題は、2040年に向けてどうすべきなのでしょうか。

高校を無償化すべきだと前述しましたが、私の個人的な希望をいえば、**高校だけでなく大学まで学費を所得制限なしで完全に無償化すべき**だと考えています。2040年に向けて、実現してほしいことのひとつです。

大学の学費が無償化されれば、家計の状況に関係なく、大学に行く子どもたちが増えていきます。そうして高度な教育を受ける人が増えれば、優秀な人材の裾野が広がり、長い目で見て日本の発展につながっていくはずだからです。

現在は年収270万円（目安）までの世帯のみ大学無償化、年収380万円（目安）までは授業料の一部を免除、という制度があります。また3人以上の子どもがいる多子世帯は、25年度から学費を無償化とすると発表されています（ただし卒業後の子が扶養を外れ、扶養する子どもが2人以下となると対象外）。

所得制限なしでの大学無償化は無理だと思うかもしれませんが、フランスの場合、EU加盟国国籍の人がフランスの国立大学に入ると修士号まで進んでも5年間で合計996ユーロ（約16万円、1ユーロ＝160円で換算）しかかかりません。格安です。**日本も少なくとも国公立大学は、無償化すべき**でしょう。

一方でアメリカは、22〜23年の大学の年間学費の平均が私立大学で3万9723ドル

（約５９６万円）、州立大学（州外学生の学費）は平均2万２９５３ドル（約３４４万円）、州立大学（州内学生の学費）は平均1万４２３ドル（約１５６万円）となっています（22年９月ＵＳ Ｎｅｗｓ調べ、1ドル＝１５０円で換算）。これを４年、あるいは修士まで６年など通うとなると、私立大学なら数千万円が必要だということです。

アメリカはその分、給付型の奨学金が充実しています。ハーバード大学やスタンフォード大学を卒業できるレベルの成績優秀者であれば学費は無料ですから、完全実力主義ですが、そこはバランスが取れているといえるかもしれません。

フランスとアメリカで大学の学費にこれほど違いがあるのは、考え方、信条の違いによるところが大きいのです。

フランスなどのＥＵ諸国は、基本的に「子どもは社会の宝だ」「子どもは社会が育てるべきだ。だから教育費は一切かからないようにしよう」と考えます。

一方アメリカは、特にトランプ前大統領のような共和党政権が「子どもは社会が育てるべきだなんて、それは社会主義だ」「子どもが大学に行くかどうかは個人の自由だ。それを全部税金で無償化するなんて、そんな社会主義的な考え方はとんでもない」という発想になるわけです。

日本の教育政策は中途半端

大学の学費で比べると、日本の教育政策はアメリカとフランスの中間に位置づけられます。

日本の大学の学費がアメリカほどは高額でないのは、**国民の税金を「私学助成金」という形で私立大学に相当つぎ込んでいるから**です。

私学助成金は、在籍している教職員と学生の人数で決まってきます。たとえば私立の日本大学は、学生の数が多いマンモス大学として有名で、その分、年間約90億円分の私学助成金を受け取っていました（2020年度）。しかし元理事長らの脱税事件や背任事件、学生の薬物事件に対する学校法人のガバナンスの機能不全など経営責任を問われ、21年度から3年間連続で私学助成金が全額カットとなりました。改善が認められれば、その2年後に75パーセント減の額、3年後に50パーセント減の額、4年後に25パーセント減の額が受け取れるように、徐々に戻る予定です。

他の私立大学の私学助成金は、早稲田大学が92億円、慶應義塾大学が82億円、立命館大学が60億円、昭和大学、東海大学がそれぞれ59億円などと続いています（20年度）。

大学教育に関する考え方に関しても、日本はアメリカとフランスの間を取っています。私学助成金の額を見れば、日本はそれなりに国民の税金を使うという中途半端さで、社会主義のようなことをしています。

民主党政権（09年から12年の約3年間）はフランス的考え方で、「子どもは社会の宝だから」と親の所得に関係なく子ども手当を出し、高校までの授業料無償化を実現しました。しかしそのとき野党だった自民党は「ばら撒きだ」と激しく非難していました。自民党は、高校などの義務教育ではない学校で学びたい人は自己責任で、自分である程度学費を払いなさい、というアメリカ的考え方なのです。

しかし自民党が政権与党に返り咲き、最近では「異次元の少子化対策」として「所得制限なき児童手当」を提起し始めています。民主党の政策の良さを結局認めて、同じことをしようというわけですね。

私としては、少子化対策の意味も込めて、フランスのようにもっと高校や大学の学費に税金を使うべきだと考えています。

Fラン大学は淘汰され専門職大学は増える

ただし、**大学に勉強ではなく遊びに行くようなレベルの人がたくさんいたら、税金の投入に反対する人も増えてしまう**でしょう。

入試問題が全然解けなくても受かるような低レベルの大学、定員割れ状態の大学は「Fランク（Fラン）大学」などと揶揄《やゆ》されています。少子化で18歳人口がどんどん減っている中、こうした定員割れの大学は淘汰して、そこに支払っていた私学助成金などの分を確保していかないと、大学無償化のための税金の投入は国民の理解を得られないでしょう。

一方で今、専門学校が「専門職大学」としてどんどん大学化されています。服飾や美容など、専門学校で学ぶことをそのまま教えるのですが、卒業したら大学卒としての学位をあげるという学校です。勉強が苦手であっても、美的センスがあったり手先が器用だったり、そうした長所を生かした専門職を目指す人たちに、学位を取るという選択肢が増えているのです。

Fラン大学で勉強もせず就きたい仕事も見つからず卒業する人が増えるよりも、**専門職**

に就いて活躍する人が増えるほうが、社会にとってもいいはずです。今後も専門職大学は増えていくと思います。

また専門職大学に入る生徒にとっては、たとえば美容師になりたいと思って技術を学びつつ、大卒の肩書があればいざというときに全然違う仕事にも就きやすい、といったメリットがあります。

それと同時に専門学校側のメリットとしては、理事長の「大学の理事長になりたい」という憧れを叶えることができるというわけです。東京にいるとなかなかわかりませんが、特に地方の専門学校の理事長が、4年制の専門職大学、あるいは2年制の専門職短期大学への転換に熱心です。

2040年に向け導入すべき大学生の質を担保する「高卒検定」

大学無償化の実現のためにも、学生の質は担保しなければなりません。

そこで**2040年に向けて導入したいのが、最近議論されている「高校卒業資格検定試験」です。**

現在は高校に行っていない人や高校を中退した人のために、「高等学校卒業程度認定試験（旧大学入学資格検定）」があります。しかし高校に通って出席日数を確保している人たちはそれを受けず、成績が悪くても割と簡単に卒業できます。そうしてFラン大学に入ったり、入ったところで大学の授業についていけなかったりします。

そこで、**高校卒業資格検定試験に合格して初めて「高卒」になれるという仕組みを導入し、高校までみんなきちんと勉強する**ようにすべきだと思うのです。

たとえばフランスでは、「バカロレア試験」に合格して初めて高校卒業資格が与えられます。バカロレア試験には哲学の問題があり、4時間かけて記述するという超難題もあります。たとえば「芸術は人を助けることができるのか」などを、何枚にわたってもいいので延々と自分なりに解答するのです。合格はかなり難しく、高校卒業の資格が取れないから大学に行けないという人もたくさんいます。しかし合格すると、どこの大学にも行くことができます。

イギリスの場合は、6・5・2制で義務教育は5歳からの11年間と前述しましたが、16

歳（第11学年）までにＧＣＳＥ（General Certificate of Secondary Education、一般中等教育修了証明試験）という国家試験に通ると、義務教育を修了したと認められます。

大学進学を目指す人は、18歳（第13学年）までにＧＣＥ（General Certificate of Education、一般教育証明試験）に受かる必要があります。ＧＣＥには専門的な内容のＡ（Advanced、上級）レベルと、ＡＳ（Advanced Supplementary、準上級）レベルがあり、オックスフォード大学やケンブリッジ大学などの難関大学に行くような高校生はＡレベルに合格しなければいけません。

大学を目指すのではなく、日本でいうところの「高卒」資格を取りたいのならばＧＣＳＥに合格すればいいという、２段階方式になっているのです。日本も、このイギリス方式なら取り入れやすいのではないでしょうか。

未来を大胆予想！ 教育編

明るい未来

一人ひとりの学力や興味に沿った形で学習したり、ディスカッションをしたりして、笑顔の生徒・先生たち。教室にはさまざまなデジタル機器が導入されている。高校も大学も学費が無料なので、家庭の経済状況がどんな人であっても、学ぶ意欲のある人がみんな自分の希望の学校に進学し、目を輝かせて学んでいる。大学では多様な年代・人種の人たちがともに学んでいる。

池上彰が明るい未来、暗い

暗い未来

優秀な日本人学生は、「東大や京大に入ったって、研究費もその後のポストも不十分で、自分の望む研究はできない」と日本の大学を選ばなくなっている。ハーバード大学やスタンフォード大学、オックスフォード大学、ケンブリッジ大学、あるいは北京大学、清華大学などが大人気。国内の大学には、「せめて大学ぐらい入ってくれ」と親から言われてしぶしぶ入ったやる気のない学生ばかりが在籍。

Chapter

03

自然災害編

～災害大国
日本で生き残る
ために～

日本は大丈夫なのだろうか？

人間の経済活動によって地球が「沸騰」しているのは明らか

2023年7月、国連のアントニオ・グテーレス事務総長が「地球温暖化の時代は終わり、地球沸騰の時代が到来した」と発言したことが、世界的に話題となりました。これまでの「地球温暖化」という言葉は、「暖かく過ごしやすい気候になっていく」といった誤解を招く表現でした。「地球沸騰」という言葉によって、現在の気候変動がさまざまな災害を引き起こす危険な事象なのだと伝わりやすくなると感じます。

ちなみに一部の専門家は、「気候変動」と「気候変化」という言葉を使い分けています。自然現象によって暖かくなったり、寒くなったりするのが「気候変化」。それに対して、人間の活動によって気候が大きく変わることを「気候変動」と呼ぶのです。

気候変動は、地球の大気の仕組みについての研究が進むにつれ、1970年代頃から注目されるようになりました。88年には、国連環境計画（UNEP）と世界気象機関（WM

O）によって「気候変動に関する政府間パネル（ＩＰＣＣ：Intergovernmental Panel on Climate Change）」が設立されました。気候変動に関する最新の科学的知見を各国政府に評価・提供する機構で、現在１９５カ国・地域が参加しています。

ＩＰＣＣは90年に、温室効果ガス（二酸化炭素やメタン、フロン、一酸化二窒素）の増加により、「21世紀末までに全球平均気温が３度程度、海面が約65㎝上昇する」ことなどを織り込んだ「第１次評価報告書」を発表し、世界中の人々の注目を集めました。現在は第７次評価報告書の作成プロセスが始まっています。

アメリカのトランプ前大統領のように「温暖化なんか嘘だ」と言う人たちや、「地球が温暖化したって何の問題もない」と言う人たちもいます。ただしこれは一部の陰謀論者や、エネルギー産業で金儲けをしようという人たちです。ＩＰＣＣをはじめとして世界中の誠実な科学者たちは、人間の経済活動によって地球が沸騰していることは明らかだと認めています。

ヨーロッパはいずれ寒冷化する恐れがある

「地球沸騰」というと、世界中のどこもかしこも暑くなるという印象を受けますが、気候変動によりヨーロッパはいずれ逆に寒冷化する、という専門家たちの見解があります。

ヨーロッパの主要都市は北海道よりもはるか北に位置していますが、北海道よりも温暖な気候です。北海道の最北端にある稚内市宗谷岬の北緯45度31分に対し、パリは北緯48度50分、ロンドンは北緯51度30分と、宗谷岬よりもさらに北にあります。それでも稚内市の年間平均気温7・0度に対し、パリの年間平均気温は11・7度、ロンドンは10・8度となっています。

その理由は「メキシコ湾流」にあります。メキシコ湾流は、メキシコ湾付近からアメリカの東岸に沿って北極海に流入する大規模な暖流で、このおかげで海水温が高くなり、パリやロンドンの気温も高くなっているのです。

メキシコ湾流は、北極に近づくにつれ冷やされていきます。海水が冷やされると、その一部である真水の部分が凍り、残りは塩分濃度の高い海水となって比重が重くなり、海底へと沈んでいきます。すると比重の軽い暖流は、さらに南から流れ込んできます。こうした海流の動きを原動力として、地球の海水は何十年もかけて循環しています。

ところが、地球沸騰により北極海の氷がどんどん解けていくと、メキシコ湾流が北極に近づいても冷やされず、海底へと沈み込まなくなってしまいます。すると海流の循環が止まってしまい、**南から暖流が届かなくなることでヨーロッパが急激に寒冷化する**、と専門家たちは恐れているのです。

つまり地球沸騰という気候変動によって、**場所によって「これまでとまったく違う気候」が訪れるということ**です。酷暑が訪れる場所もあれば、急激な寒さに見舞われる場所もある。あるいは、これまで雨が多かった場所に雨がまったく降らなくなったり、雨が降っていなかったところに大雨が降ったりするのです。

日本では渇水と大雨災害という相対するリスクが同時に高まる

日本における気候変動の影響として、**大雨や短時間強雨の発生頻度の増加**が挙げられます。それに伴って、**土砂災害の発生件数も増加傾向**にあります。1990年からの10年ごとの年間平均発生件数を比較すると、2010年代に入って土砂災害が大幅に増えているのです。

最近は、「線状降水帯」という言葉を耳にする機会が増えました。線状降水帯とは、次から次へと発生する積乱雲が線のようにつながることによって、数時間にわたって同じ場所に雨が降り続くというものです。

線状降水帯の発生メカニズムにはまだ解明されていない部分もありますが、気候変動が大いに影響していると考えられています。

気候変動によって海水温が高くなると海から水蒸気がどんどん蒸発し、夕立のような大雨を降らせる積乱雲が、前線や地形の影響を受けながら発達していきます。そこに上空の風の影響で積乱雲群が線状に並ぶことで、同じ場所で大雨が降り続くのです。

これまでも線状降水帯は多少なりとも発生していたと思われますが、気象レーダーによる観測技術がまだ進んでいなかったので観測できていませんでした。局所的な大雨は、いわゆる「集中豪雨」などと呼ばれていました。

しかし技術が進み、線状降水帯というものの存在が「見える化」しました。さらに気候変動によって、線状降水帯の発生頻度が高くなってきました。そのため今、線状降水帯が頻繁にニュースになっているというわけです。

地球の7割は海に覆われています。**地球沸騰という気候変動による海水温の上昇が、線状降水帯をはじめとした大雨の問題をもたらしている**のです。

一方で地域によっては、気候変動に伴い雨の降らない日数の増加や積雪量の減少が起き、渇水のリスクも高まっています。渇水リスクと大雨災害のリスクという、相反するように感じるリスクが同時に高まるのが、地球沸騰という気候変動の怖さです。

日降水量 200 mm 以上の年間日数及び 1 時間降水量 50 mm 以上の年間発生回数の推移

【全国アメダス】日降水量 200 mm 以上の年間日数

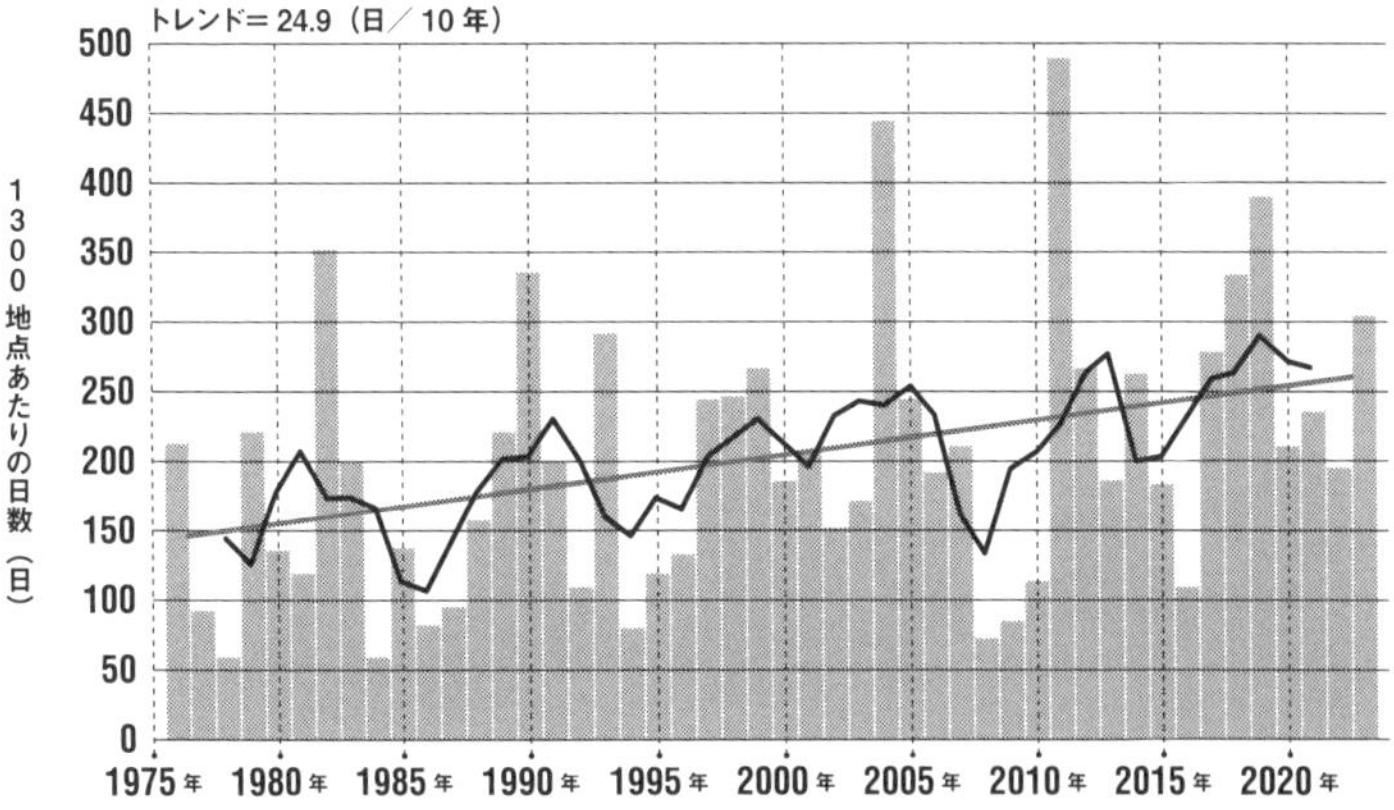

【全国アメダス】1 時間降水量 50 mm 以上の年間発生回数

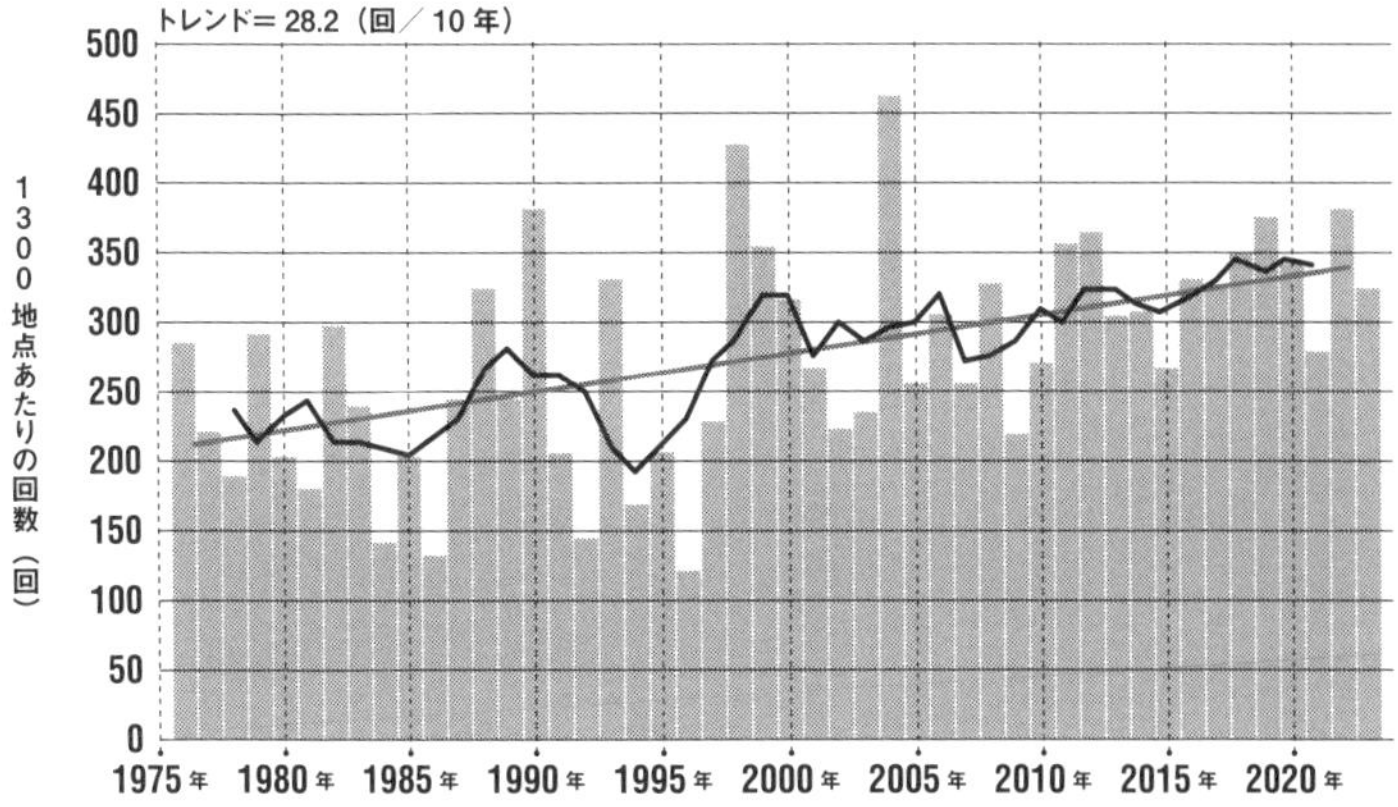

は各年の年間日・回数を示す（全国のアメダスによる観測値を 1,300 地点あたりに換算した値）

は 5 年移動平均値　　は長期変化傾向（この期間の平均的な変化傾向）を示す

※国土交通省 気象庁「大雨や猛暑日など（極端現象）のこれまでの変化」
全国（アメダス）の「日降水量 200 mm 以上の年間日数」をもとに作成
https://www.data.jma.go.jp/cpdinfo/extreme/extreme_p.html

土砂災害の発生件数の推移

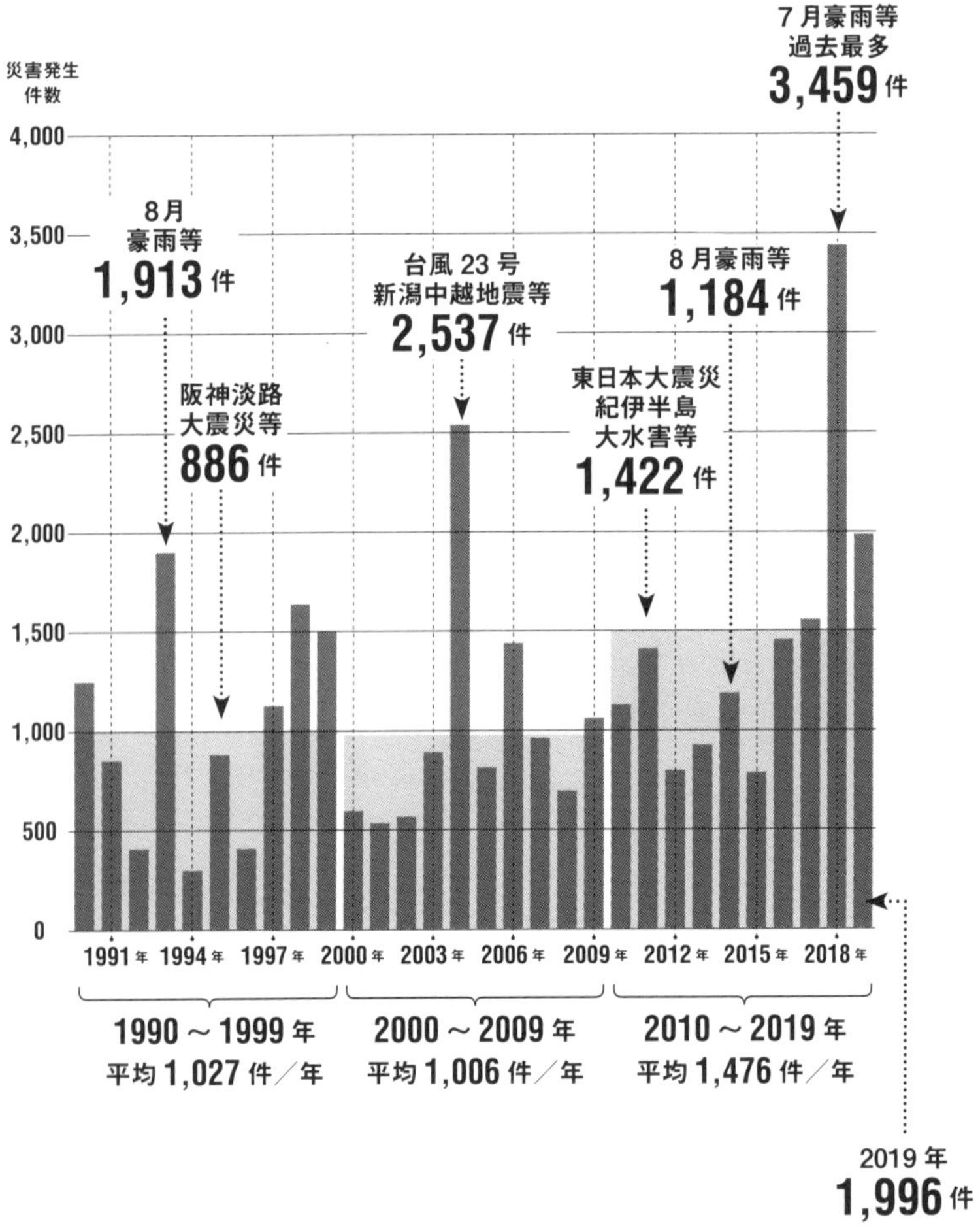

※国土交通省（「国土交通白書 2020」第1節　我が国を取り巻く環境変化　自然災害の頻発・激甚化をもとに作成）
https://www.mlit.go.jp/hakusyo/mlit/r01/hakusho/r02/html/n1115000.html

「スーパー台風」が毎年のように日本を襲う

さらに気候変動によって、中心気圧の低い強い台風、いわゆる**「スーパー台風」が日本に接近する頻度も増加する**とみられています。

これまでは大型台風といえども、日本の近海にくると急激に勢力が弱まり、上陸するときにはかなり弱くなっているケースが大半でした。それは日本周辺の海水温が低かったからです。今後は、日本周辺の海水温が気候変動によって非常に高くなることで海からの水蒸気の供給が続き、台風が日本まで北上しても勢力が衰えなくなります。つまりこれからは、「スーパー台風」と呼ばれるような大きな被害を与える台風が毎年のように襲来してくると考えられるのです。

遊水地を住宅地として開発してきた結果、大雨や洪水の被害が増大

遊水地とは、洪水のときに川の水を一時的に溜めるのに利用される場所で、近年では通常時に公園などとしても活用されています。

遊水地は古くからあり、たとえば山梨県の「信玄堤」は戦国武将の武田信玄が築いたものとして有名です。信玄堤は、1800mにわたる堤防に樹木を植え、その内側の河岸には不連続に造った「霞堤《かすみてぃ》」を設け、洪水時には水を人為的に氾濫させる仕組みにしています。

川に大きく頑丈な堤防を造り洪水が一切起きないようにしようとすると、建設費用も増大してしまいますし、大雨が降ったときにどこかが決壊してしまえば甚大な被害が出るでしょう。だからわざと堤防に切れ目を作っておいて、大雨が降るとそこから水を周辺にあふれさせ、人為的に洪水が起きるようにするのです。霞堤の周辺は遊水地として人が住まない農地にして人命や家屋を守るとともに、定期的な洪水によって、農地も肥沃になるメ

リットがあります。これが昔の人の知恵で、日本全国にこうした遊水地がありました。

しかしそうした生活の知恵が失われてしまい、もともと遊水地だった場所を「こんなに広い土地があるんだから」と住宅地として開発してきたのが、現代の日本社会です。

遊水地はいざというときに洪水で水があふれることが前提になっているため、土地の値段も安くなっています。その分、そこに家を建てると、**水害で水に浸かってしまうリスクが高い**のです。

「遊水地だった場所だけれど、今まで何十年と住んでいて水害に遭ったことはない」という場合でも、今は大雨や短時間強雨の発生頻度は確実に増加していますから、**今後は危険度も増していく**でしょう。

かつて遊水地だった場所は、自治体が作成している水害ハザードマップで高リスクな場所になっているはずです。自宅がそうした場所にある人は、いざ水害が起きたときにはどういう経路を通ってどこに避難すべきなのか、日頃から備えておくことが大切です。

遊水地の土地が確保しづらい都市部では、遊水地の代わりに調節池や分水路の建設が進められています。東京都では目黒川などが、地下に巨大な貯水のための空洞である調節池を造っておいて、そこに水を流しています。目黒川はかつてしょっちゅう氾濫していましたが、今まったく氾濫しなくなったのは、調節池に水を流し込んでいるからです。

こうした調節池や分水路の重要性は、今後ますます高まるでしょう。

なお水害ハザードマップでリスクの低い場所であっても、「内水氾濫」が起きることで水害となってしまう場合があります。その地域の下水の容量を超える雨が降って排水溝などから雨水があふれ浸水を引き起こしたり、川の水位が上がることで平時なら川に流れ込むはずの用水路の水が流れ込めなくなり、市街地に降った雨が行き場を失ってあふれたりすることを「内水氾濫」といいます。

内水氾濫のハザードマップは、2025年末までに整備をしようと全国の自治体が現在作成中です。

夏の甲子園はなくなり

夏は日没後に外出する生活になる!?

気候変動の影響で、日本では猛暑日（最高気温35度以上の日）や真夏日（最高気温30度以上の日)、熱帯夜(夜間の最低気温25度以上の日)の日数も増加傾向にあります。熱中症で救急搬送されたり、亡くなってしまう人の数も増えています。

2021年度からは、環境省と気象庁が「熱中症警戒アラート」を全国で運用しています。気温、湿度、輻射熱《ふくしゃねつ》(日差しなど)、風などからなる「暑さ指数(WBGT)」に基づき、熱中症の危険性が高い日に情報を発表し、人々に警戒を呼び掛けるというものです。

小・中・高校などの教育現場でも、毎年すでに5000件に上る熱中症が発生し、まれに死亡者も出ています。そこで熱中症警戒アラートの暑さ指数を基準に、体育の授業や部活動、運動会といった屋外での活動を実施するかどうか、判断する学校が増えています。熱中症警戒アラートが出た夏の暑い日には休み時間に運動場で遊ばないよう、子どもたちに呼び掛ける学校は、これからも増えることが予想されます。

そして甲子園で開催されている夏の「全国高校野球選手権」では、暑さ対策のため、5回終了後に10分間の「クーリングタイム」が導入されました。さらに24年は、午前と夕方に試合をするという2部制を、開幕から3日間に限って導入することが決まりました。しかし今後は、そもそも夏に開催していていいのかという議論が起きるでしょう。**2040年の夏の全国高校野球選手権(甲子園)は、ドーム球場でエアコンをつけて大会を開催す**

るか、夏の大会と春の大会とを統合して春だけの実施とするか、といった形になっている
かもしれません。
夏に日本以上の暑さを記録する中東の国々では、夏の昼間は外に出ない生活を送っています。たとえば夏のドバイは最高気温が44度ほどで、夜になっても暑く、最低気温が32度くらいです。昼間に外を歩くなんて命に関わりますから、外出するのは日没後です。
このまま地球が「沸騰」し続ければ、日本でもドバイのような夏の生活を送ることになる可能性もありそうです。

食料の最適な産地は南から北へ

猛暑は農産物にも影響を与えます。2023年には、コメや野菜、果物など、農産物の収穫量の減少や生育障害、品質低下などが全国的に起きました。

トマトが大きく育たなかったために値段が高騰したり、ネギの根が暑さで溶けてしまったりしました。桃などは反対に、甘くおいしくなるという利点がありましたが……。

気候変動は長期的にも、農産物に影響を及ぼしています。かつてはまずいといわれていた北海道産のコメは、格段においしくなりました。国産ワインも、ワインどころの山梨県よりも平均気温の低い長野県で、近年はおいしいワインが造られるようになってきています。

カリフォルニアワインも、もともとは「ナパ・ヴァレー」産が最高品質のワインを生産する地として有名でしたが最近では、ナパ・ヴァレーよりも北の地で造られたワインがおいしくなっていると評判です。

日本だけでなく世界的にも、**食料の最適な産地が北へ北へと動き始めている現実がある**のです。

今後も気候変動は続きますから、農家は最近の暑さに合わせた作物への転作をしたり、品種改良をしたりと、先取りした対応が必要になっていきます。

蚊の危険性が高まり感染症が拡大する

気候変動が引き起こす問題として、日本ではまだあまり注目されていませんが、「蚊」の危険性が高まることが挙げられます。

デング熱やマラリア、日本脳炎など、蚊が媒介する感染症があります。感染した人や動物が蚊に刺されると、その蚊にウイルスや寄生虫などの病原体が移り、その蚊に刺された他の人たちがさらに感染していく病気ということです。

今の日本では実感が湧きませんが、**世界中で最も人間を殺している生き物は、実は蚊なのです。**

日本でもかつては、蚊が媒介する感染症で年間何十万人もの感染者が出ていましたし、死者も出ていました。太平洋戦争後に、集団検査、治療薬の投与、ワクチン接種、大規模な殺虫剤散布、生活環境の向上などが進められ、蚊が媒介する感染症は根絶されました。

現在の日本での感染は、海外で感染した人が日本に持ち込み、小規模に広がるというケースばかりです。

しかし国際的な人の往来が増えたこと、地球温暖化に伴って蚊の生息可能地域が広がるかもしれないことで、日本のようにこれまで感染者がほとんどいなかった地域にも、**デング熱やマラリアなどの感染症が拡大する**と危惧されています。

デング熱を媒介する蚊が2100年には北海道まで拡大

デング熱は、「ネッタイシマカ」「ヒトスジシマカ」という蚊によって媒介される、デングウイルスが引き起こす急性感染症です。デング熱に感染すると、高熱や激しい頭痛、筋肉痛や関節痛などの症状が出ます。熱帯や亜熱帯の全域で流行しており、**2023年**は特にバングラデシュで大流行し、9月時点で感染者が13万3000人、**死者数は過去最悪の900人以上**に上りました。

世界保健機関（WHO）は、気温上昇などの気候変動の影響で、デング熱などの蚊を媒介とする感染症が世界規模で拡大する恐れがあると警鐘を鳴らしています。

デング熱の主な媒介蚊であるネッタイシマカは日本には生息していませんが、ヒトスジシマカは本州以南で見られます。14年8月には東京都内で、ヒトスジシマカを媒介としたデング熱の感染者が報告されています。

さらにこのヒトスジシマカは、1950年代までは東北や北海道にはいませんでしたが、近年生息域が北上しています。2035年には本州の北端まで、2100年には北海道まで拡大すると予測されています。つまりWHOの警鐘のとおりデング熱が世界規模で拡大した場合には、**日本全国がデング熱の脅威にさらされる**のです。

気候変動により蚊が強敵にはなるが技術も進む

同じく蚊が媒介となる感染症で、熱帯・亜熱帯で流行しているマラリアにも注意が必要です。2021年の感染者は世界で2億4700万人、死者は61万9000人に上っており、特にアフリカの幼い子どもが亡くなっている病気です。

マラリアは、「マラリア原虫」という寄生虫を「ハマダラカ」という蚊が媒介して感染が広がります。ハマダラカは日本国内にも生息していて、かつてはたびたびマラリアの大流行が起きました。平安時代末期に平清盛も、マラリアで亡くなったと考えられていま す。1903年には日本で年間約20万人もの感染者が出ていましたが、蚊帳《かや》や蚊取り線香の使用、湿地の土地改良、治療薬（キニーネ）や殺虫剤（DDT、ジクロロジフェニルトリクロロエタン）の登場などで、少しずつ減っていました。

しかし太平洋戦争中に東南アジアで戦い、46〜47年に帰国してきた復員兵584万人のうち、95万人がマラリア既往者で、その半数近い43万人が日本でマラリアを再発しました。そこから蚊を媒介として年間7000人ほどが二次感染をし、数年にわたって大流行をしました。DDTという有機塩素系の白い粉状の殺虫剤を徹底的に撒いて蚊を駆除することによって、次第に感染者が減少していきました。本土での発症例は59年が最後となっています。

現在もアフリカなどでマラリアが蔓延《まんえん》している背景には、貧困によって、マラリアに対する知識・対策が不足していたり、蚊帳や薬が行き届かなかったりしていることが挙げられます。また薬剤耐性のあるマラリア原虫の蔓延や、殺虫剤抵抗性媒介蚊の出現で、対策が困難になっている面もあります。

マラリア撲滅に向けた取り組みは、世界的に行われています。日本からは、住友化学が殺虫剤を練り込んだ繊維で作った「防虫蚊帳」を開発して提供したり、無償での技術移転による現地製造を進めたりしています。

アメリカでは、**遺伝子改変した蚊を野外に放つ実験**も進んでいます。人工合成した「致死遺伝子」をもつメスの蚊が幼虫のうちに死ぬようにすることで、蚊の数を減らそうというのです。遺伝子改変した生物を自然界に放っていいのか、人や生態系への影響はないのか、もっと世界的な議論が必要ですが……。

マラリアのワクチンは、対寄生虫ということで開発が困難だとみられていましたが、イギリスの製薬大手グラクソ・スミスクラインがワクチンを作りだし、21年からＷＨＯがアフリカの子どもたちへの接種を推奨しています。

林業が衰退することで日本でも森林火災が頻発する

世界に目を転じれば、最近は気候変動による**「高温熱波」**が大規模な気候災害を引き起こしています。2023年春から続いたカナダの森林火災では、アメリカのニューヨークにまで大気汚染が広がりました。ハワイ・マウイ島での大規模な森林火災では、97人の死者と31人の行方不明者が出てしまいました。

こうした森林火災（山火事）により、世界では年間800万ヘクタール以上、東京都の約40倍にあたる面積の森林が焼失しています。

森林火災の原因は、火の不始末などの人為的なものから、高温で乾燥しすぎた気候において、落ち葉などが摩擦で自然に熱をもち発火してしまうこと、あるいは落雷など、自然現象が発端となるものもあります。

日本は今のところ、湿度の高い気候のおかげで大規模な森林火災は起きていませんが、今後頻繁に起きないとも限りません。なぜなら人手不足で林業が衰退しているため、山林の手入れが行き届かない山が増えているからです。落ち葉が積もって燃えやすいものが山林に蓄積されている冬から春は、風が強く乾燥状態が続く季節でもあります。そこに登山客などがたばこの吸い殻を捨てるなどしてひとたび火がつくと、森林火災が広がるリスクは大いにあるのです。

2040年に向けて林業がこのまま衰退してしまうと、**日本も森林火災が頻発してしまう**ことになるかもしれません。

世界の水を巡る紛争が増える

日本は川が多く水が豊富な国ですが、世界的には水を巡る紛争が増えつつあります。気候変動によって世界各地で深刻な干ばつが起こっていて、ユーフラテス川やナイル川、インダス川など、複数の国を流れる**「国際河川」の流域を中心に、水を巡る軋轢《あつれき》が生じている**のです。

インドシナ半島のベトナムやカンボジア、ラオス、タイなどを流れるメコン川の水源は、中国のチベット高原あたりに端を発しています。そのメコン川は今、中国が上流域でダムをいくつも造り、発電用に使っています。そして計画発電や貯水量調整のためにたびたび大量放水が実施されることで、下流域の国々でメコン川の水位が急上昇したり、水流が激しくなったりし、流域の田畑、家屋、漁業に被害が生じるという問題が起きています。

ヨーロッパのドナウ川やライン川なども国際河川ですが、長い歴史の中で、それぞれの国でどれだけ水を使っていいのかが**「水利権《すいりけん》」**という形で調整されており、お互いにうまく使うことができています。

ところがインドシナ半島の川は水源が中国にあり、中国は下流のことを一切考えないで自国のために水を使います。インドシナ半島の国々と中国との水争いは、これからの時代、一段と深刻化する恐れがあります。

日本には国際河川がありません。他国と水を巡る争いをしなくていいというのは、幸せなことなのです。

2023年に戦争が起きてしまったイスラエルとパレスチナ、さらにヨルダンは、実は長年**水争いをしてきた関係**でもあります。

ヨルダン川は、レバノンとシリアの国境にあるアンチレバノン山脈やゴラン高原を水源とし、途中ガリラヤ湖となって南の死海へと注ぐ川です。ガリラヤ湖は、イエス・キリストが湖面を歩いたと聖書に書かれている有名な湖です。ヨルダン川の水はすべて終着点である死海に溜まっていき、それがどんどん蒸発していきます。

自然界の土にはごく微量の塩分が含まれていて、その土を削り取りながら流れている川の水にもごく微量の塩分が含まれています。ヨルダン川の水ももちろん、塩分を含んでいます。死海の場合、何千年にもわたって流れ込んだヨルダン川の水中の塩分が溜まり続けた結果、水はプランクトンも生きていられないほど塩分濃度が高くなっています。これが「死海」という名の由来です。

そんなヨルダン川は、ヨルダンとイスラエルによって流域で大量の農業灌漑用水や飲用水が取水されることで、死海に流れ込む水の量が激減しています。今は死海の湖面がどんどん下がり、塩の結晶が露出する状態になっています。このままだと、死海がなくなるのではないかともいわれています。

またヨルダン川の水源をどこの国が押さえるかということが、大きな課題になっています。ゴラン高原はもともとシリア領でしたが、水源を押さえるために、また軍事戦略上の意味もあり、イスラエルが国際法に違反する形で1967年から占領しているのです。

日本の自衛隊も一時、シリアとイスラエルの停戦を監視するため、PKO（国連平和維持活動）の一環としてゴラン高原に部隊を展開（1996年～2013年）していました。しかしシリアの内戦が激しくなってシリアからの砲弾などがゴラン高原にまで飛んでくるようになり、危険だからと撤退しました。結局ゴラン高原は今、イスラエルの国土のような状態になってしまっているのです。

こうした「水を巡る紛争」は、気候変動によって今後世界中で頻発してしまう恐れがあります。

1からわかる「パリ協定」

1988年に「気候変動に関する政府間パネル（IPCC）」が設立されて以降、気候変動対策、とりわけ温室効果ガス削減への取り組みが、世界的に進められました。92年には国連環境開発会議（地球サミット）が開かれ、**「気候変動枠組条約」**が作られました。そして97年の「京都議定書」は、気候変動枠組条約に基づき具体的なルールを決めるというもので、先進国は**2020年までの気候変動対策の目標「達成」を義務づけ**られました。

ただこの京都議定書はあくまで先進国に限ったもので、途上国には義務づけられていなかったため、二酸化炭素排出量で今や世界第1位の中国と3位のインドは、対象外でした。

こうした課題もあり、続く15年の**「パリ協定」**では参加した187の国や地域すべてに対し、**20年以降の温室効果ガス削減目標の「提出」が義務づけ**られました。ただし**あくまで「提出」が義務であって、目標の「達成」については義務づけられませんでした。**

2020年世界の二酸化炭素排出量

(国別排出割合)

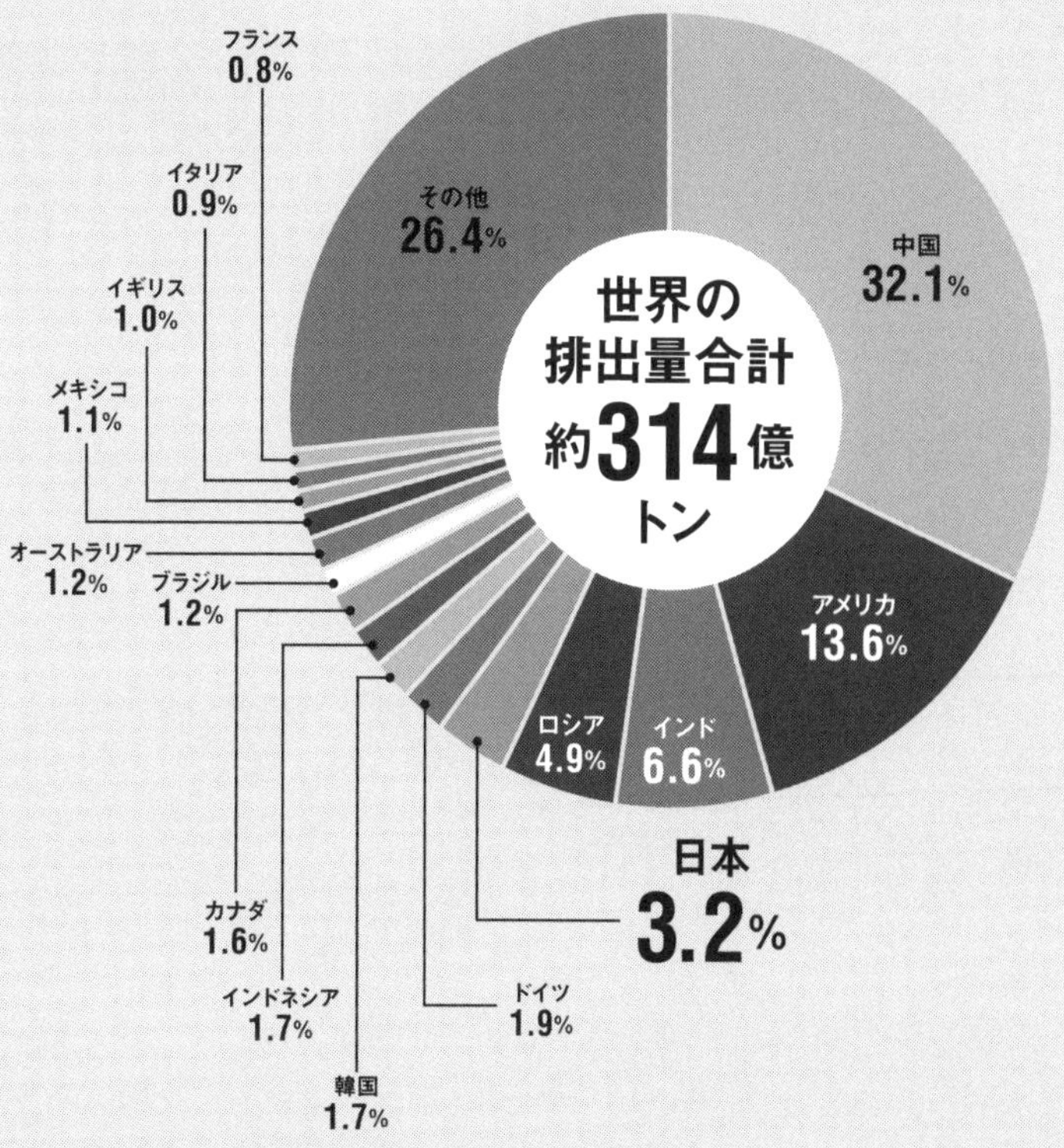

出典：EDMC「エネルギー・経済統計要覧 2023年版」

目標達成までを義務化すると反発する国があるので、とりあえず努力目標を出してもらうという形にしたのです。それでは不十分だ、なまぬるいのでは、という意見もありますが、地球全体の問題として開発途上国も含めたすべての参加国が温室効果ガスを減らすための努力目標を掲げたことには、それなりに意義があると思います。

パリ協定で採択された世界共通の長期目標は、**「世界的な平均気温上昇を工業化以前に比べて2度より十分低く保つとともに（2度目標）、1・5度に抑える努力を追求すること（1・5度目標）」「今世紀後半に、温室効果ガスの人為的な発生源による排出量と吸収源による除去量との間の均衡を達成すること（カーボンニュートラル）」**です。これを踏まえて、各国が努力目標を策定しました。

ただしこの削減目標にも、実はインチキをしている国があります。日本も含めた欧米諸国は、「何年の頃よりも絶対量を減らす」という目標を掲げました。日本は「30年度までに、排出量を13年と比べて26パーセント削減する」としています。ところがインドと中国は、「30年までに対GDP比で何パーセント減らす」という目標なのです。つまりインドも中国も経済発展が続いていて、30年までGDPは年々増えていく見込みがある。だから**対GDP比で削減したとしても、温室効果ガスの絶対量はこれからも年々増える、**ということなのです。

温室効果ガスの排出ゼロに向けて、より厳しい削減目標を出すことが世界各国には求められており、さらにその実現が、これからの世界の大きな課題です。

また京都「議定書」とパリ「協定」との違いには、アメリカの事情も絡んでいます。議定書は、調印した国々がそれぞれ議会で批准をしなければ承認されないという、それだけ厳しい条件のものです。パリ協定を結ぶ際には「パリ議定書」にしようという案もありましたが、それでは当時、アメリカの共和党が議会で反対をして批准できないと見込まれていました。共和党は石油や石炭といった従来型のエネルギーを重視していて、気候変動対策を取らない方針だったからです。しかし協定という形であれば、アメリカ議会の承認を得ずに、大統領権限で協定を結ぶことができます。このときのアメリカ大統領は民主党のバラク・オバマでした。二酸化炭素排出量世界第2位のアメリカが参加しないものでは意味がないので、アメリカのためにもパリ議定書ではなく「パリ協定」とすることになりました。

しかしパリ協定採択の翌2016年にはアメリカ大統領選が控えており、共和党から大統領が誕生するかもしれない、そうするとパリ協定からアメリカが離脱をするかもしれないという懸念がありました。そこであらかじめ、**アメリカが簡単に離脱できないような仕掛けが作られました。**

パリ協定は、発効後3年間は離脱を通告できないという決まりにしたのです。さらに離脱通告後も、実際に正式離脱をするのは、通告の受領からさらに1年後になるという形としました。

つまりオバマ大統領の後、もし温室効果ガス削減に反対する共和党の大統領が誕生したとしても、実際に離脱ができるのは4年後という形にしたのです。4年後には、再びアメリカ大統領選が行われるからです。

そして16年アメリカ大統領選では、民主党候補のヒラリー・クリントンが敗れて共和党候補のトランプが勝利するという、オバマが恐れていたことが起き、実際にトランプは大統領就任後にパリ協定からの離脱を宣言しました。しかしその後20年の大統領選では民主党のバイデンが勝利し、21年1月の大統領就任直後に、パリ協定への復帰を果たしたのです。

アメリカ国民は、共和党支持者と民主党支持者とで、気候変動対策への意見がはっきりと分かれています。民主党支持者が多いカリフォルニア州では、州内で販売する新車を35

年までにすべて排ガスゼロ車（ゼロエミッション車、ZEV）にすることを自動車メーカーに義務づける知事令が発令されています。ガソリン車から電気自動車に転換しようという政策が進んでいるのです。

しかし炭鉱労働者や自動車産業で働いている人たちは、気候変動対策が進むことで自分たちの仕事が奪われると感じていて、共和党支持へと回っています。

16年のアメリカ大統領選でトランプが勝利したのも、ヒラリーがこれから気候変動対策を取り、石炭の発掘を全部やめると発言したことが一因となっています。この発言を受けてトランプはペンシルベニア州の炭鉱労働者のところに行き、俺が大統領になったら、お前たちの仕事をなくすことはしない、これからもどんどん石炭を掘れ、地球温暖化なんか嘘だとアピールしました。これによってペンシルベニアの労働者たちがトランプに票を入れたというわけです。

民主党が気候変動対策を進めようとすると、それに対する反発で、共和党の大統領候補が当選する確率が高くなってしまう。これが今のアメリカの抱えるジレンマです。

気候変動対策に積極的になると自動車業界で80万人の雇用が失われる!?

二酸化炭素排出量世界5位の日本も、EU諸国などと比べれば、気候変動対策に積極的とはいえません。

特に安倍政権は「経産省政権」ともいわれ、経済産業省（経産省）出身のキャリア官僚が側近として周りを固めていたため、「既存産業を守る」という経産省の意向が政権の方針にもなっていました。

ちなみに環境省は、もともと通商産業省（現・経済産業省）と厚生省（現・厚生労働省）などの環境関係部署から人員が出向することによってできた小さな役所です。そのためそもそも**「日本の産業に悪影響がない程度に環境のことを考えよう」**という姿勢が長かったため、経産省の力にはかなわないのです。

経産省はアメリカの共和党同様、日本の自動車産業を守ろうとしています。自動車産業は、現在の日本経済の屋台骨だからです。日本の自動車産業は、関連産業まで合わせると

554万人の雇用を生み出しており、そのうちの80万人近くがガソリンエンジンに関わる仕事をしているとみられます。そのためこれから電気自動車を推進してガソリンエンジンが不要になると、**日本全体で80万人の雇用が失われてしまう。**これが日本経済にどれだけの打撃を与えるか、経産省は恐れているのです。

「水素エンジン車」が日本の自動車業界のカギを握る

今トヨタ自動車は、ガソリンの代わりに水素をエンジンで直接燃やして走る車**「水素エンジン車」**の開発を進めています。二酸化炭素の代わりに水を排出する、クリーンな自動車ということです。環境のためということもありますが、ガソリンエンジンに関わる人たちの雇用を守ろうとしているという側面もあります。

トヨタがすでに発売している、燃料電池車（ＦＣＥＶ）の「ＭＩＲＡＩ」も水素を使いますが、これは水素と酸素を化学反応させることで電気を発生させ、その電気によって燃料電池モーターを回して動く車であって、ガソリンエンジンを動かすものではありません。

ただ水素エンジン車には、水素をどうやって作るかという問題があります。水素は一般的に石炭や天然ガスなどの化石燃料から作られており、それでは結局二酸化炭素を排出してしまいます。そのため今、風力発電や太陽光発電などの再生可能エネルギーを使って、水を電気分解（電解）して水素を作り、その水素をエンジンで燃やすという形にしようという計画が進んでいます。

ただし水を電気分解するには大量の電力が必要で、それを再生可能エネルギーだけでまかなえるのかという問題があります。また電解を行う「水電解装置」のコストダウンも重要になります。トヨタをはじめ、国内外で水素エネルギー活用技術の開発や導入が進められています。

世界では現在、ガソリン車から電気自動車（ＥＶ）への転換が進んでいますが、**トヨタが水素エンジン車の分野で世界の主導権を握ることができれば、日本経済の成長にもつながる**かもしれません。

原発事故の後始末は2050年代まで続く

既存産業を守りたい**経産省は、エネルギー政策に関しても保守的**です。火力発電や原子力発電（原発）を使い続けようという姿勢であり、再生可能エネルギーには後ろ向きなのです。

現状では、火力発電、原子力発電、再生可能エネルギーのいずれにもデメリットがあり、非常に難しい問題です。

まず火力発電には、二酸化炭素排出量が多いという問題があります。ただ日本の石炭火力発電所は世界最新鋭の技術で、一般的な世界の石炭火力発電所と比べ二酸化炭素排出量が非常に少なくなっています。しかし世界の国々から見れば「でも結局、日本は石炭を燃やしているんだろう？」と非難を浴びてしまうのです。

これに対しEU諸国は、石炭に比べて二酸化炭素排出量の少ない天然ガスによる火力発電を、再生可能エネルギーに転換するまでの間のつなぎとして活用しようとしていました。しかしロシアがウクライナに軍事侵攻してしまったために、ロシアから天然ガスを買う量を大幅に減らさざるを得なくなってしまいました。今EU諸国は、二酸化炭素排出量をどう削減すればいいのかと困っている状況です。

一方で日本は、ロシアの「サハリン2」から実は今も天然ガスをせっせと買っています。ドイツなどをはじめとしたEU諸国がロシアへの経済制裁を行っているのに対し、日本はこれまでどおりロシアから天然ガスを大量に買い続けているのです。日本はロシアに経済制裁をしているかのような姿勢を見せながら、実際はほとんど制裁をしていません。

二酸化炭素排出量が多い火力発電に対し、原子力発電は発電時に二酸化炭素を排出しません。そのため国は、今後も原発は不可欠だと考えています。

しかし日本は2011年3月11日の東日本大震災による津波で、福島第一原発が世界最悪レベルの爆発事故を起こしたことを忘れるわけにはいきません。

爆発事故直後は放射性物質が漏れ出す恐れがあるとして、福島第一原発から半径20㎞圏内が立ち入り禁止の「警戒区域」とされ、12の市町村の住民がふるさとの自宅から避難しなければならなくなりました。現在も、放射線量が高い「帰還困難区域」に帰れない住民たちがいます。

警戒区域などでは放射線量を減らすために、放射性物質で汚染された土や草木などを取り除く「除染」作業が行われました。除染によって出た「除染廃棄物」は、今は福島県大熊町と双葉町にまたがる中間貯蔵施設に搬入されています。これらは45年3月までに福島県外で最終処分することが法律で定められましたが、今も最終処分場の場所は決まっていません。

さらに事故後の福島第一原発では、メルトダウン（炉心溶融）で溶け落ちた核燃料を冷やすために今も水を注入し続けていたり、地下水や雨水が原子炉建屋に流れ込み続けていたりします。そのため高濃度の放射性物質を含んだ「汚染水」が、毎日発生し続けていて、その処理や保管に追われています。

この汚染水を浄化処理し、62種類の放射性物質を基準値以下にまで取り除く浄化処理をしたものが「処理水」です。ただし処理水は、放射性物質のひとつ「トリチウム」を取り除けていません。この処理水の海洋放出が23年8月から始まりました。処理水を大量の海水で薄め、トリチウムの濃度を基準値の40分の1未満にしたうえで放出しています。

中国は処理水の海洋放出に反対しており、日本産の水産物の輸入を全面禁止としました。そのため日本の漁業関係者に、大きな経済的影響が出ています。

この海洋放出も、完了するまでには30年程度かかるとされています。つまり**2050年**

代まで、原発事故後の処理作業は続くのです。

先送りされてきた原発の「使用済み核燃料」問題

原発は、事故を起こさなかったとしても、そもそも大きな課題を抱えています。**「使用済み核燃料」と「核のゴミ」をどうするのかという問題**です。

1966年に日本が原発を使い始めた当初からこの問題は認識されていたのですが、高度経済成長期のエネルギー需要の増大を背景に、問題解決を棚上げして原発の建設や利用が推進されてしまいました。

原発を動かすと必ず出る使用済み核燃料は、全国各地の原発にあるプールなどで貯蔵されある程度冷やされてから、青森県六ヶ所村の再処理工場にある受け入れ・貯蔵プールに運ばれ保管されます。しかし六ヶ所村の貯蔵プールはすでに99パーセントが埋まっていて今後の受け入れが難しく、各地の原発の貯蔵プールも平均76パーセント（2021年6月末時点）が埋まっているという余裕のない状況です。

エネルギー資源の乏しい日本では、使用済み核燃料からプルトニウムとウランを取り出し再び燃料として利用するという「核燃料サイクル政策」を戦後間もない頃から掲げ、準備を進めてきました。この核燃料サイクル政策がうまくいけば、使用済み核燃料を有効活用でき、使用済み核燃料を保管するための貯蔵プールにも空きが出てきます。

しかし六ヶ所村に建設中の、使用済み核燃料からプルトニウムとウランを取り出す再処理工場も、取り出したプルトニウムとウランから特殊な核燃料「MOX（ウラン・プルトニウム混合酸化物）燃料」を加工する燃料工場も、計画延期が繰り返されており、いまだ完成していません。完成予定は24年度上期としていますが実現するかは不透明です。今はフランスに再処理とMOX燃料加工を依頼しています。再処理工場には14兆7000億円が、MOX燃料加工工場には2兆4070億円がこれまでに投じられています。

八方ふさがりの状態が続く原発「核のゴミ」問題

使用済み核燃料を再処理する過程においても、放射性物質を含む再利用できない廃液が出ます。それをガラスと混ぜて固めたものが「高レベル放射性廃棄物」、いわゆる**「核のゴミ」**です。核のゴミはきわめて高い放射線を出し続けます。人体に危険のない程度に放射線を減らすためには、10万年にわたって地中に埋めるなどして隔離しなければなりません。

核のゴミも、六ヶ所村の「高レベル放射性廃棄物貯蔵管理センター」に保管されています。しかしこれも一時的なもので、最長50年で県外に搬出することが国と青森県との間で約束されています。最初の核のゴミは、1995年4月に青森県内へ搬入されました。つまり遅くとも**2045年までに青森県外で最終処分場を稼働させなければならないのですが、まだ建設場所も決まっていません。**

最終処分場を造るための調査に協力してくれる自治体は、選定に向けた文献調査だけで最大20億円、概要調査に進めば最大70億円の交付金を受け取れるため、北海道の寿都町《すっつ》と神恵内村《かもえない》が手を挙げました。この両自治体は選定に向けた文献調査の結果、次の概要調査の候補地となりました。

しかし実はこの2つの自治体は、政府が公表している最終処分場の条件には合いそうもないのです。明らかに不適で、ここには最終処分場を造れそうもないとわかっている、でも調査に応じれば巨額の交付金がもらえるからとりあえず調査に名乗りを上げた、という構図になっています。

そもそも最終処分場は、10万年間地下で保管するわけですから、きわめて地質が安定していて地震も津波もない場所、かつ地下水がほとんどない場所に埋める必要があります。地下水があると、10万年もあればどんな金属でも腐食してしまうからです。そう考えると、**日本には最終処分に適した土地はほとんどなく、きわめて難しい**はずです。

なお24年5月には、佐賀県の玄海町も、文献調査の受け入れを表明しています。

2047年までに廃炉にしなければならない「夢の原子炉」

核燃料サイクル政策として、再処理・MOX燃料加工と並んで期待されていたもうひとつの計画が、福井県敦賀市の高速増殖炉「もんじゅ」です。

もんじゅはプルトニウムによる核分裂の熱で発電をしつつ、その核分裂によって生じた高速中性子をウランに衝突させることで、プルトニウムを増やすことができるという仕組みです。理論上は**「発電しながら使った以上の燃料（プルトニウム）を生み出し続けることができる」**ことから**「夢の原子炉」**と呼ばれていました。日本はウランをオーストラリアやカナダなどから輸入して原発を動かしてきましたが、もんじゅが成功すれば、日本もついにエネルギーの自給自足ができると期待したのです。

しかし、もんじゅは１９９４年の初臨界（原子炉内の核分裂が持続し始めること）から事故や不祥事が続き、ついに２０１６年に至って廃炉が決まりました。もんじゅには1兆１０００億円が投じられましたが、22年間での運転実績はたったの２５０日に終わったのです。

そしてその廃炉には、30年もかかるといわれています。２０４７年までに１５００億円かけて廃炉を完了させる計画ですが、もんじゅから出る放射性廃棄物に関しても、どう処分するかまだ何も決まっていません。

明るい未来は「脱原発」できるかにかかっている

2011年の福島第一原発事故を機に全国の原発が一時運転を停止しましたが、今では10基が再稼働しています。**「使用済み核燃料や核のゴミはどうするのか」**という問題は、今も先送りにされがちです。

これだけ問題が山積していて、原発からの勇気ある撤退ができないのはなぜかというと、**撤退を決めた途端に日本中の電力会社の経営が難しくなるから**です。使用済み核燃料はエネルギーとして再利用できるからと、会計上は電力会社の資産になっています。もし原発からの撤退を決めると、資産が途端にゴミになり、日本中の電力会社の資産が激減して大赤字となり経営難に陥ります。青森県の六ケ所村としても、中間貯蔵施設に受け入れている使用済み核燃料が再利用できないゴミなのだと確定すれば、「さっさと引き取ってくれ」という話になります。原発政策はいまだに見通しがまったく立っていない、八方ふさがり状態なのです。

それでも国は原発政策を推し進めようとしています。23年、岸田政権は「原子力の憲法」と呼ばれる原子力基本法を大幅改正し、原発を活用して電力の安定供給や脱炭素社会の実現に貢献することは「国の責務」と位置づけました。

同時に、電気事業法や原子炉等規制法などの一部を改正し、現在の法律で最長60年（原則40年で、1回に限って20年までの延長が認められる）とされている原発の運転期間について、審査などで停止した期間は除くことができるようにしました。つまり今後、60年以上運転する原発が次々に出てくるのです。

そもそも40年も運転していれば機器や設備が老朽化し、事故が起きる可能性は高まるのではないかと感じます。**すでに40年を超えている原発は日本に4基あります。**美浜原発（福井県）の1基、高浜原発（福井県）の2基、東海第二原発（茨城県）の1基です。

原子力発電に関する**明るい未来**を描くとすれば、原発の新規開発をやめ、運転期間の上限を迎えた原発から少しずつ停止し、再生可能エネルギーを増やすことによって**日本が見事に「脱原発」を果たすこと**でしょう。反対に**暗い未来は、原子力発電所を操業する間にどんどん使用済み核燃料や核のゴミが溜まっていき、処分もできないまま四苦八苦してどうしようもない状態になる**、というものです。

フィルム状で柔軟性に優れた太陽光パネルが登場!?

再生可能エネルギーによる発電量を増やし温室効果ガスを削減するために、個人でできることが太陽光発電です。東京都は２０２５年４月から、新築住宅への太陽光発電設備の設置を義務づけるとしています。

ただし太陽光発電にもデメリットはあります。太陽光パネルの設置も撤去も高額になり、また廃棄する際のゴミ問題というものがあります。

日本で太陽光発電が広がったのは、民主党政権時代の12年に導入された、再生可能エネルギーを電力会社が買い取る制度「固定価格買取制度」がきっかけでした。太陽光パネルの寿命は20年から30年ですから、つまりこれから**２０４０年に向けて、寿命を迎えて廃棄される太陽光パネルが大量に出てくる**と予想されています。

太陽光パネルは、屋外の自然環境に耐えられるよう頑丈に作られているため、リサイクルするための分解には手間や費用がかかり、多くが埋め立て処分され、ひどい場合には不法投棄されるとみられています。そうした事態を防ぐため、太陽光パネルをリサイクルするための回収システムが構築できないか現在模索されています。

また日本では今、桐蔭横浜大学の宮坂《みやさか》力《つとむ》教授らが開発した「ペロブスカイト太陽電池」というフィルム型太陽電池の実用に向けた研究が進んでいます。従来の太陽光パネルと比べ厚さが１００分の1、重さは10分の1と薄くて軽く、フィルム状で柔軟性に優れており、折り曲げて設置できるといいます。

そのためこれまで設置できなかったビルの壁面や自動車の屋根などの曲面にも貼り付けることができ、電力の自給自足が日本でもかなりできるようになるのではないかと注目されているのです。ペロブスカイトという結晶の構造をした物質の主な原料はヨウ素で、これも国内で十分に調達できる見込みです。23年5月時点で積水化学工業など5つの企業グループが、政府の支援を受けて技術開発を進めています。

電気代の高騰はウクライナ危機によるものだけではない

2022年から23年にかけては、**電気料金の高騰が家計を苦しめました。** 主な要因は燃料価格の高騰です。コロナ禍を経て世界で経済活動が活発化し、原油の需要が高まる中、ロシアによるウクライナ侵攻が起き、ロシアの石油などの輸出が経済制裁の対象となったことなどが電気料金に反映されました。

電気料金には、12年の「固定価格買取制度」開始以降、「再生可能エネルギー発電促進賦課金（再エネ賦課金）」も加わっています。電力会社が再エネを買い取るには費用がかかるため、再エネ買取費用の負担を消費者に割り当てたものです。国が年度ごとに全国一律で定めている再エネ賦課金の単価と、電力使用量の掛け算で金額が決まります。

単価は再エネ電力の買取量が増えるほど上がるようになっており、12年度は1kWhあたり0・22円でしたが、これが22年度には3・45円まで値上がりしているのです。

再生可能エネルギーが普及すればするほど、**再生可能エネルギーを導入していない人にとっては電気代の負担が増える**というわけです。しかしこれは再生可能エネルギーが普及するために必要な国民の負担といえます。

自覚していない人も多い再エネ賦課金ですが、電力料金の通知に書かれていますので、確認してみるといいでしょう。

再エネ賦課金は、最終的には再生可能エネルギーで電気をつくっている人のもとに届くという仕組みです。「再エネ賦課金なんて、そんなお金は払いたくない」という人は、逆に今こそ、自宅への太陽光パネルの設置などで**再生可能エネルギーを「つくる側」に回ることも検討してみてはどうでしょうか。**

2040年までに「南海トラフ地震」「首都直下地震」「富士山の噴火」が発生する

日本で生活する以上、避けられないのが地震です。日本は地震多発国であり、世界で起きているマグニチュード6以上の地震の約2割が日本で起きています。

日本に安全な場所はありません。たとえば阪神・淡路大震災では被害が少なかった京都も、平安時代から頻繁に大きな地震が起きていたことがわかっています。京都に竹林が多いのは、地震対策として地盤を固めるために、根を張る竹を植えて地崩れを抑えようとしたからです。

2040年までの間に起きる可能性が高いといわれているのが、「南海トラフ地震」「首都直下地震」「富士山の噴火」です。

南海トラフ地震はそもそも、東海地震（静岡沖）、東南海地震（名古屋沖）、南海地震（四国沖）という3つの地震として警戒されていました。そしてたとえば東海地震が起きると、1年から数年以内に東南海地震や南海地震が連動して起きるといわれていました。

しかし２０１１年の**東日本大震災は、３つもの震源断層が連動**して破壊されていくことで起きました。３月11日午後2時46分の地震発生時は、宮城県沖で1分半ほどの破壊が続き、その1分後にやや南側の領域が1分半破壊され、さらにその南側も破壊が始まり、結局地震発生から計6分間、３つの領域が連動して破壊され続けていたことがわかっています。このため地震全体のエネルギーが巨大になりました。

宮城県沖で地震が起きた結果、他の２つの震源域も連動して、東日本大震災という想定外の災害が起きたのです。

専門家たちは、「宮城県沖地震は必ず起きる」とは考えていましたが、東北地方でこれほど大規模に連動した地震が起きるとは考えていませんでした。**３回の巨大地震が連続して起きるということは、世界的にもきわめてまれなこと**だといいます。

3つの地震が同時に起こる可能性はきわめて低いが安全のために経済活動は麻痺する

この東日本大震災の反省から、南海トラフに関しても、東海地震、東南海地震、南海地震の3つが個別に起きるだけではなく、**同時に起きることも想定しなければいけないと考えられるようになりました。**そのため最近では「南海トラフ巨大地震の恐れがある」「もしもこの3つの地震が同時に起きたら、これだけの大規模な被害が出る」と強調されているのです。ただし実際には、東海地震だけが起きるとか、南海地震だけが起きるという確率と可能性のほうが、はるかに高いというわけです。

ただし今問題なのは、たとえば3つのうちの1つの地震が起きたとして、「南海トラフの巨大地震のうちの3分の1の地震が起きました。残りの3分の2も、明日にも起きるかもしれません。みなさん警戒してください。避難してください」と言って、東海道新幹線や東名高速道路などの交通網を止めた場合、いつまで止めておくべきかということです。

東海地震が起きたりして大きな被害が出れば、東海道新幹線などは止まります。しかし東南海地震や南海地震がすぐに起きるのか、1カ月後、あるいは1年後に起きるのか、それともまったく起きないのかは、誰にもわからないのです。その状態で何日止めておくのか、いつ再開するのかを、誰がどうやって決めるのかはきわめて悩ましい問題になります。

どうも次の地震は起きそうもないなと新幹線を動かした途端に、次の地震が起きて新幹線が横転してしまったら、大変な事態になります。だからといって、責任を追及されたくない、責任逃れをしたい人たちが「もう少し、もう少し」と止め続ければ、**日本は経済活動が麻痺**してしまいます。

鉄道や道路は地震を想定した対策が進んでいる

そもそも地震が多い国である日本の鉄道は、迂回路も想定して整備されてきました。東海道新幹線の東京―大阪間の迂回路は、北陸新幹線になります。東京発の北陸新幹線は、2024年3月に金沢（石川県）から敦賀（福井県）まで延伸されました。その先をJR北陸本線で米原（滋賀県）まで、東海道・山陽本線で大阪までと乗り継いで行けばいいというわけです。

1923年9月に関東大震災が起きた際には、当時の国鉄の東海道線や中央線が不通になりました。東京から関西方面に避難をする人たちは、日暮里や田端（東京都）、あるいは大宮（埼玉県）から信越線で軽井沢を通って篠ノ井（長野県）まで行き、篠ノ井線に乗り換えて塩尻に行き、そこから中央線で名古屋や大阪に向かいました。

地震などの大災害が起きた際、道路に関しては、**全国で「緊急輸送道路」や「緊急交通**

路」が設定されています。緊急輸送道路は、阪神・淡路大震災の教訓を踏まえ、被災者の避難や、救急活動人員や物資などの緊急輸送を円滑に行うための基幹道路です。

そして「緊急交通路」とは、災害発生時から応急対策が円滑に行われるようにするため、高速道路や国道などの幹線道路で一般車両の通行を禁止するものです。東京都の場合、なまずのイラストとともに「緊急交通路」と書いた大きな標識が、幹線道路のあちこちに設置されています。

あるテレビ番組で、若いタレントたちにこの標識が何かという問題を出したら、誰も正解できませんでした。なまずだということも、なまずと地震がなぜ結び付いているのかも全然理解されなかったものです。普段から、「この道路は災害時には車で通れないんだな」などとみんなで意識しておくことが大切です。

行政は、地震が起きた際のさまざまな対策を日頃から進めています。東京都の場合は、首都直下地震で大勢の犠牲者が出たら遺体の埋葬が間に合わない、そのときは**皇居東御苑や日比谷公園、代々木公園を仮埋葬所としてとりあえず遺体を土葬する**、といった計画も立てています。

被災したときに避難する場所に関しては、自宅の周り、会社や学校の周りなど、曜日や時間帯に応じた避難場所を一人ひとりが確認しておきましょう。

避難場所と避難所は、似ているようでまったく違います。「避難場所」は大きな地震などがあった場合にとりあえず逃げる場所で、学校の運動場や公園などが指定されています。人が地面の円の中に向かって走ってきているようなピクトグラム（案内用図記号）の看板になっているように、避難場所は屋根のないところになっています。

一方「避難所」は、学校の体育館など、被災者が何日も暮らさなければいけないようなところを指します。ピクトグラムも、屋根のある建物に人が駆け込むような表現になっています。

コンビニエンスストアにも、**「災害時帰宅支援ステーション」**と書いてあるハートのマークのステッカーが掲示してある店があります。地震などの大規模災害が起きて交通機関が途絶えた際、「帰宅困難者」となった人々を支援する店で、水道水の提供、トイレの提供、ラジオなどで知り得た情報の提供の3つを行うと決めています。

自動販売機も、災害支援型のものであれば、災害時に無料で飲料を取り出して飲めるようになっています。

こうした非常時に必要な情報を知っておくことに加えて、やはり自宅には災害対策グッズを備えておくべきでしょう。

私は災害に備えて、「ローリングストック」方式での備蓄をしています。備蓄用に用意した水や食料を、消費期限が切れそうな順番に消費しつつ、随時新しいものを補充していくということです。特に日本で大地震が起こった日である、1月17日、3月11日、9月1日の3つの日には点検し、消費期限が切れそうなものはそのときに食べたり飲んだりして、新しいものを補充しています。

東京都はいざ大地震が起きたときのために、水と食料を3日分、可能であれば1週間分は用意しておくようにと呼びかけています。たとえば首都直下地震が起きた場合、東京都がいくら迅速に救援に乗り出しても、3日間は手が届かないところがたくさんあります。そのため3日間は自分で自分の身を守ってくださいということです。

家だけではなく、会社や学校で被災する可能性も高いことから、企業や学校には社員や学生のための水や食料の備蓄が義務づけられています。企業や学校にいる際に大地震に遭ったときは、その施設で安全にとどまることが基本となります。大地震が発生した後の72時間（3日間）は、救命救助活動を通じて1人でも多くの命を救うことが最優先となります。大渋滞により救急車等が到着できないといった状況を防ぐため、帰宅困難者の一斉帰宅を抑制しなければならないということです。

移動中など屋外で被災した帰宅困難者については、「一時滞在施設」で待機してもらうこととなります。大型ビルは、付近で被災した人たちに配るための水や食料などを備蓄しています。たとえば六本木ヒルズは地下に巨大な倉庫があって、約10万食の食料や毛布、簡易トイレ、紙おむつなどが備蓄されています。災害時に周辺にいた人たちが逃げ込めば、これらが提供されます。

私が教えている東京工業大学も同様で、備蓄している大量の食品の消費期限が近づいてくると、新しい食品に入れ替えるために、消費期限の近づいたものを学生たちに無料で配布しています。

富士山は必ず噴火する

関東・東海在住の人には耳の痛い話ですが、**富士山も必ず噴火する**といわれています。それがいつになるのかは正確にはわかりませんが、研究や観測が進められています。

富士山はかつて休火山だと考えられていましたが、１９７５年に火山噴火予知連絡会がいつ噴火してもおかしくない「活火山」と認定しました。そのため気象庁が、噴火の兆候がないか日々監視をしています。

富士山ほどの巨大な火山が噴火するときには、地下からのマグマが上にあがろうとして「火山性地震」が起きます。マグマが山頂付近まで上がってくると**「火山性微動」が起き、これが観測されたらその直後、30分から半日程度で噴火をします。**

こうした予兆を捉えるため、富士山の周辺にはＧＮＳＳ（Global Navigation Satellite System、全球測位衛星システム）というＧＰＳのようなものが置いてあり、富士山の地面の移動をほぼリアルタイムにミリ単位で常に計っています。マグマが上昇してくれば富士山の山体が徐々に膨れ上がり、計測値が変動するというわけです。

実は火山性地震は、最近2度起きています。1度目は2000年で、3月からの有珠山（北海道・洞爺湖の南）の噴火と、6月からの三宅島（東京都・伊豆諸島）の噴火の後、10月頃から半年ほど、火山性の低周波地震が多発した時期がありました。2度目は東日本大震災から4日後に起きたもので、静岡県富士宮市で震度6強を観測しました。多くの専門家が「いつ噴火してもおかしくない」と覚悟したという、この11年3月15日の地震は、富士山山頂から20㎞地下にある「マグマだまり」の少し上で起きた火山性の高周波地震で、マグマだまりの天井が割れたとみられています。

そのため今後もし南海トラフ地震が起きれば、それが富士山噴火の引き金になるとも考えられています。

富士山噴火の歴史

富士山は数万年前から火山活動を繰り返してきました。記録に残っている最も古い噴火は奈良時代末期の781年で、平安時代にも**6度ほど噴火**したとみられています。

平安時代前期に成立したとみられ、かぐや姫の物語として知られる『竹取物語』にも、富士山が噴火していたことがわかる描写があります。竹から生まれた美しいかぐや姫は5人の貴公子から求婚をされますが、それぞれに結婚の条件として無理難題を出し、失敗をさせ諦めさせます。最後には帝からの求婚も断ったかぐや姫は、十五夜の晩に迎えに来た天人たちとともに月の世界へと帰っていきます。

かぐや姫は帝に、形見として不死の薬を渡しますが、傷心の帝は「こんなものはもはや何の意味もない。かぐや姫のいる天に最も近い、駿河国の山のてっぺんで焼いてしまえ」と部下に命じ、燃やさせました。しかし不死の薬だったために、その山からはいつまでも煙が出続けるようになりました。これが「不死の山」、つまり「富士山」になったというわけです。

富士山の大噴火で最も直近のものは、江戸時代の１７０７年12月（旧暦11月）に起きた「宝永大噴火」です。それから３００年以上噴火がないのは異例のことで、火山学者は危機感を強めています。

この宝永大噴火も、噴火の４年前に関東地方での「元禄地震」、49日前に南海トラフでの「宝永地震」が起きた後に噴火をしています。

宝永大噴火では、大量の火山礫《れき》と火山灰が噴出しました。日本上空には偏西風が吹いているため、富士山の西側よりも東側に灰は降り積もります。火口の東側には、宝永大噴火を機に出現した「宝永山」という標高２６９３ｍの山がありますが、最新の研究で、この宝永山はすべて火山噴出物が堆積してできた山だとわかってきました。

また富士山から東に10㎞ほどの山麓の村（静岡県小山町須走地区）では、地下２ｍのところから黒く焼け焦げた木の柱が見つかりました。村の古文書に記されていたとおり、宝永大噴火がもたらした高温の噴出物によって家々が燃え、２ｍ以上の火山灰の下に村が埋まったことがわかったのです。

過去の富士山の噴火では、すさまじい量の火砕流が流れ出たこともありました。火砕流とは、火山灰や大小の岩石が**高温のどろどろの状態のまま時速１００㎞ほどのスピードで**

山の斜面を流れ下るものです。１９９０年からの雲仙・普賢岳（長崎県）の噴火では、91年と93年に大火砕流が発生し、大きな被害を出しました。
山梨県富士吉田市にある自衛隊の演習場には、最大15ｍの高さに及ぶ火砕流堆積物がありました。調査によって、これは西暦６００年代の飛鳥時代の噴火のときのもので、東京ドーム10杯分にあたる１２４０万立方ｍに上る量だったことがわかりました。

溶岩流は小田原市まで到達する可能性も！

こうした最新の研究結果や、より精緻な地形データを用いて、国は2021年に**「富士山ハザードマップ」を17年ぶりに改定**し、火砕流や溶岩流の到達範囲が見直されました。

溶岩流とは、火口から流れ出た高温のマグマが地表をゆっくりと流れるものです。改定によって、富士山に近い山梨県や静岡県だけでなく、富士山から直線距離で50㎞ほど離れた神奈川県相模原市緑区や、40㎞ほど離れた神奈川県小田原市などにも溶岩流が到達するとされました。神奈川県に溶岩流が到達する可能性があると示されたのは初めてです。溶岩流は谷や川などの細いところでは、冷えずに遠くまで流れていくと考えられるようになったためです。ただ溶岩流は火砕流と違い、人が歩く速度よりも遅いスピードであることが多く、いざとなれば走って逃げることができます。

富士山から東に30㎞ほどの神奈川県開成町の場合、溶岩流が到達するのは噴火から5日後程度とみられているため、数日で避難を決断し行動に移すことが大切です。また避難先は、**溶岩流が流れる方向ではなく、その垂直方向に向かって逃げるといいでしょう。**

火山灰の影響によりインフラ機能がダウン

宝永大噴火では、富士山から約100㎞という遠く離れた江戸の町にも火山灰が大量に降り注ぎました。徳川6代将軍家宣・7代将軍家継に側近として仕えた新井白石が書いた自叙伝『折たく柴の記』には、江戸でも地鳴りと地震が続き、富士山からの降灰で町は昼間でも薄暗くなり、みんな傘を差して提灯をつけて歩いたこと、多くの人が咳に悩まされたことなどが記されています。火山灰は、小田原や鎌倉で16㎝程度、江戸でも数㎝ほど降り積もったとみられています。

江戸時代は降灰の被害もその程度で済みましたが、現代は街中至るところに精密機器などがあります。飛行機は、火山灰を巻き込んでエンジンが損傷する恐れがあるため使えなくなります。さらに富士山の東側である**羽田空港と成田空港は、使えなくなるでしょう。**

自動車も、火山灰が道路に1㎜積もると時速30㎞まで、5㎝積もると時速10㎞までしか出せなくなり、10㎝積もると走行できなくなります。鉄道に至っては、火山灰が0・5㎜積もっただけで運行が停止するとみられています。鉄道はレールに安全に関わる信号を流し、各車両はそれを車輪から受け取りながら運行しています。火山灰が少しでも積もれば、その鉄道運行システムに障害が出る恐れがあるのです。

火山灰が雨を含んで電線に付着すると、重さによって電線が切れたり、漏電を起こして送配電機器を故障させたりして、**停電が起きる可能性も**あります。**携帯電話**の基地局などにも、きめの細かい火山灰が付着して、使えなくなる可能性があります。Ｗｉ－Ｆｉも電話もつながらなくなり、**通信が途絶するかもしれません。**

国の検討会のシミュレーションでは、富士山の噴火で都内では火山灰が最大10㎝積もり、**3時間ほどで首都機能が麻痺する**恐れがあるとされています。

こうした事態に備えて、東京都も富士山の火山灰を除去する計画を作成中です。その作業手順の参考にしているのが、桜島が頻繁に噴火している鹿児島県の例です。

桜島は噴火するたびに、鹿児島の市街地に火山灰を降らせています。その桜島の火山灰をいつもどうやって取り除いているかということが、非常に参考になるのです。

個人の備えとしては、火山灰は呼吸器系や目などにも被害を与えますから、災害対策グッズにマスクやゴーグルを入れておくといいでしょう。また家の換気口につける防塵フィルターを準備しておくのもいいかもしれません。

「防災の無人化」は進む

地震や噴火などの自然災害を回避することはできませんが、いざというときのために個人個人が水や食料の備蓄をし、防災につながる知識を身につけ、避難先を考えておくなどの備えをすることで身を守れる可能性が高まります。また「減災」をするために、古い家ならば耐震診断を受けて改修や補強をしておく、室内の家具の固定や配置変更でケガをする可能性を減らしておくといった対策も必要です。

救助活動をする人たちの安全を守り、人手不足を補うために、**「防災の無人化」**も進められています。撮影した映像からAIが救助すべき人を発見する自動飛行の災害用ドローン、上空と地上から消火の必要な場所を判断する消防用ロボット、危険な場所での被災者の探索を行う犬型の四足歩行ロボットなどが開発され、徐々に現場への導入がなされています。

2024年の元日には能登半島地震が起きました。発災から3カ月強で、災害関連死を含めると260人（5月14日時点）もの尊い命が失われてしまいました。道路や水道などのライフラインの寸断が激しく、住宅被害は12万棟（5月8日時点）を超え、避難生活が長期化している人も多くいます。

気候変動により豪雨が増え、地震大国でもある日本で、自然災害の被害を最小限に食い止めるためにはどうすればいいのか。個人や企業、国が、それぞれよく考え、対策を進めていきましょう。

未来を大胆予想！ 自然災害編

明るい未来

水害や震災は起きるが、迅速な避難で人的被害は出ず、自治体などの避難所にも十分な備蓄があり、混乱も起きない未来。救助活動にはロボットも活躍。インフラは一度はストップするものの、復旧のための訓練もばっちりで、すぐに復興。特に電力は、原発が稼働していないので事故の心配もなく、再生可能エネルギーの割合が高まり各家庭に太陽光パネルや蓄電池が備えられているため、被災してもすぐに使えるようになっている。

Chapter
03
自然災害編
〜災害大国日本で生き残るために〜

池上彰が明るい未来、暗い

暗い未来

原子力発電所を操業する間に、どんどん使用済み核燃料や核のゴミが溜まっていき、処分もできないまま四苦八苦。そのうちに南海トラフ地震によって32万人の死者が出てしまい富士山も噴火。インフラも止まり経済も破綻。気候変動対策に対し消極的だったために、集中豪雨やスーパー台風が頻発、感染症を引き起こす蚊の出現。次々と起こる災害に、人々は気力を失う。

Chapter 04

暮らし編

～経済・少子高齢化は改善されるのか？～

どうしてこんなに物価が上昇したのか?

コロナ、需給バランスの乱れ、ウクライナ侵攻……世界的な物価上昇の理由

2021年から22年にかけて、**世界的な物価上昇**が起きました。その理由は3つあります。

1つ目は、新型コロナウイルスへの感染をみんなが恐れなくなり「コロナ禍が明けた」という明るい雰囲気の中で、さまざまな経済活動が、世界中でコロナ禍前のように復活をしたからです。コロナ禍での外出制限やロックダウンなどが何年も続き、「巣ごもり消費」をしていた頃から一転、自由に買い物や旅行ができるようになったことで人々の「リベンジ消費」が始まりました。コロナ禍で落ち込んでいた消費意欲が復活し、モノやサービスが飛ぶように売れるようになりました。

2つ目の理由は、そうして需要が急激に生まれたことによって供給のほうが追い付かなくなったからです。世界的にさまざまなモノの価格が上がり始め、急な増産に対し人手不

足が起きて賃金が上昇した分野に関しては、賃金上昇分が価格に転嫁されてまた値上がりする、という循環も起きました。

3つ目は、2022年2月に起きたロシアによるウクライナへの軍事侵攻で、石油が値上がりしたからです。石油1日あたりの生産量は、ロシアが世界3位です。このロシアに多くの先進国が経済制裁をした結果、石油の供給がひっ迫し価格が高騰しました。石油が高値だと、モノを運ぶための流通経費は上がるし、電気代も上がります。それに伴って、物価が上昇しているのです。

ここまでの3つの要因が、世界的な物価高騰、インフレーションが起きた理由です。

そして**日本の場合は**、独自の4つ目の理由があります。**「円安によって、輸入品の値段が上がっている」**というものです。

2022年3月上旬まで1ドル＝115円程度だった対ドル相場は、3月中旬頃から円安に向かっていき、24年春にはおおむね1ドル150円台半ばで推移しています。一時は160円台まで下落し、約34年ぶりの円安水準になったとして大きなニュースになりました。単純計算で、輸入品の価格は1・3倍になってしまっているということです。

庶民の家計が苦しくなるという犠牲の上に、大企業が儲かる仕組みは続く

今の円安は、日米の金利差によって生まれたものです。日本では長年、マイナス金利政策を続けてきました。一方アメリカは、コロナ禍においてはマイナス金利政策を取ったものの、世界的な物価高騰を背景に2022年3月から政策金利を上げ始めました。そうして金利差が生まれると、「資産を円で持つよりも、ドルで持ったほうがお得だ」と、円を売ってドルを買おうとする人が増えます。これが今の**「ドル高円安」**の状況を生んだのです。

マイナス金利政策は、16年1月から日本銀行によって実施されました。安倍晋三元首相が13年4月から推進していた経済対策「アベノミクス」「異次元の金融緩和」の一環です。異次元の金融緩和はデフレからの脱却を目指し、「前年比で2パーセントの物価上昇率を実現するまで」と期限を設定していましたが、なかなかそれが実現せずに結局10年以上続いてしまいました。いわば今の円安は、アベノミクスの副作用なのです。

金利がゼロに近いと、人々は「銀行にお金を預けていても意味がない。じゃあ、お金を投資に回したり、使ったりしよう」というマインドになり、国内景気が活気づきます。また円安になれば、輸出産業にとっては利益が上がることになります。そうやって日本経済を立て直そうとしたのが、アベノミクスでした。

輸出産業の代表格が、自動車産業です。22年の自動車関連（四輪車、二輪車、部品）の輸出額は17・3兆円で、日本の輸出総額の17・6パーセントを占めています。そうした大企業の、政治力や発言力のある人たちが「円高は困る、円安のほうが良い」と言うため、国としても円安になるような仕組みを続けました。

ただし円安の場合、輸出には有利になりますが、輸入は割高になります。日本は食用油や小麦製品などの食料や、衣類、家具・家電など、生活必需品の多くを輸入しています。また石油や天然ガスなどのエネルギー関連の輸入価格が高騰したことによって、電気代やガス代、ガソリン代なども大幅に値上がりしました。庶民の家計が苦しくなるという犠牲の上に大企業が儲かるような仕組みを続けたのが、アベノミクスであり、自民党政権だったというわけです。

では1ドル＝何円くらいが、日本全体にとって「適正」なのでしょうか。

何をもって良いとするか悪いとするかはありますが、参考までに以前1ドルが105円から110円程度だった頃、輸出産業も輸入産業も「ちょうどいい湯加減だな」といった発言をしていたことがありました。110円くらいなら、輸出産業には損害が出ないし、輸入産業は物価上昇に歯止めがかかるというわけです。

インバウンドは今後も推進されるが、オーバーツーリズム問題の解決が必要

円安による生活物資の値上げは庶民の生活を苦しめますが、円安のメリットとして、インバウンドが盛り上がるということが挙げられます。海外からの観光客が日本で消費をしてくれれば、日本のサービス業も収益を上げることができます。

2040年に向けてはこれからも、**インバウンドには国全体で引き続き注力していく**ことでしょう。これから少子高齢化でどんどん国内人口が減ってくるわけですから、そこで

減ってしまう消費を、海外からの観光客の人たちの支出で補うことに期待していくということです。

ただインバウンドのデメリットとしては、**「オーバーツーリズム」の問題**があります。観光客が殺到しすぎて、住民の生活に悪影響が出ることです。

京都はコロナ禍前から、オーバーツーリズムが問題になっていました。嵐山や四条通周辺など人気の観光スポットは、歩道を歩くにも一苦労をするような混雑ぶりになっています。路線バスにも観光客が乗ってくるので、京都市民が普段の生活で路線バスを使えず困ったことになっているのです。

鎌倉でも、多くの観光客が「江ノ島電鉄（江ノ電）」に乗るために住民が乗れない、観光客の乗用車が増加して道路渋滞が激しい、といった問題が起きています。

こうしたオーバーツーリズム問題は、今後２０４０年に向けて知恵を絞って解消していかなければなりません。たとえば電車やバスには、地元住民が優先で乗れるような仕組みをつくる、ゴミの処理などにかかる費用をまかなうために観光客に観光税などを導入する、などが考えられるでしょう。

円安になればなるほど、円安がさらに加速してしまう

現在の日米の金利差の非常に怖いところは**日本円が海外に流れてしまう**ということです。２０２２年以降、日本でも外貨預金をする人が急増しています。これは当然のことで、たとえば今の日本で定期預金をすると、かなり高金利な銀行であっても金利は０・１パーセントくらいです。１００万円を1年間預けて、利息は１０００円くらいしかもらえません。しかしドル建ての外貨預金だと、金利は５パーセントから６パーセントです。１００万円預けて、５万円から6万円が利息としてもらえるというわけです。日本の銀行に預けるよりも、外貨預金をしたほうが50倍から60倍の利息がもらえるとなれば、そちらを選ぶ人が増えるのは当然です。円で預金をしていること自体が大変なリスクになっています。

そうしてドルで預金をする人が増えるほど、円売り、ドル買いが行われるわけです。つまり、**ますます円安が加速**してしまいます。円安を止めるためには、10年以上続けてきた

金融緩和を日銀がやめる必要がありました。
24年３月、植田和男日銀総裁が春闘での労働者の賃金上昇を受けて、ようやくマイナス金利を解除すると決定しました。

値上げ→賃上げの循環が必要

平成の約30年間は日本の景気が悪く、賃金が上がりませんでした。１９９１年を１００としたとき、日本は２０２０年もほぼ同様の賃金水準になっています。

一方、アメリカやイギリスは、同じ30年間で２５０以上にまで、ドイツも２００ほどにまで上昇しました。先進国の中で、日本だけがいつまでも賃金がまったく上がらず取り残されているという異常な状況です。

賃金が上がらなければ、購買力も伸び悩みます。こうしてモノの価値が低く値段の安い「デフレーション」が続いてきました。

日本はバブル崩壊後、「モノは安ければ安いほうがいい」というデフレマインドから長

日本の平均賃金の推移（1991年＝100）

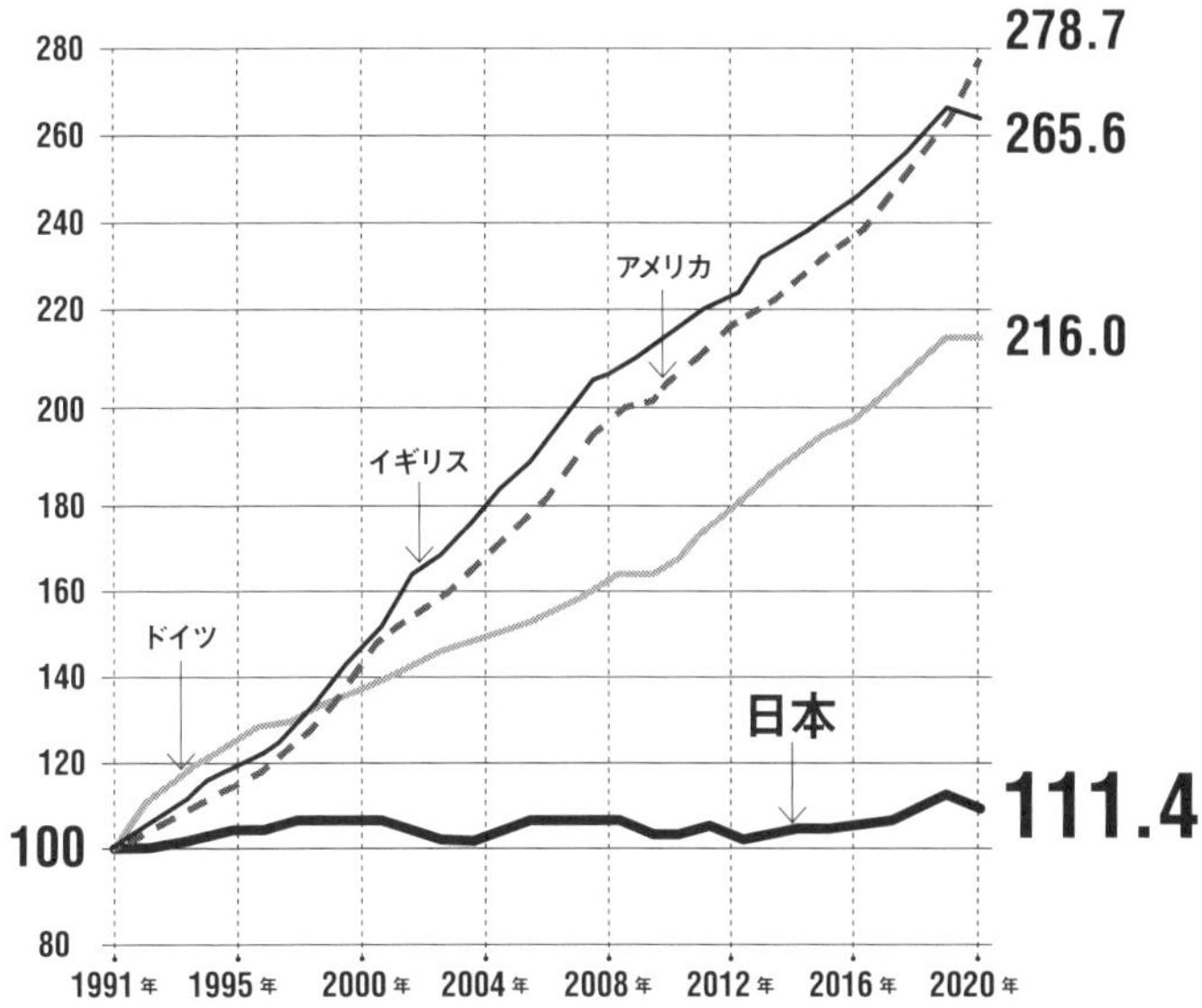

※厚生労働省「令和4年版　労働経済の分析
ー労働者の主体的なキャリア形成への支援を通じた労働移動の促進に向けた課題」
G7各国の賃金（名目）の推移をもとに作成

く抜け出せずにいました。しかし消費を抑える方向性では、日本の景気は決して良くはならないわけで、**いつまでも不景気から抜け出せない**という悪循環に陥っていました。

今の世界的な物価上昇によって日本でも堂々と値上げをするようになったこと、それをみんなが「仕方ない」とある程度受け入れるようになったこと、そして「その分、生活に困らないよう賃金を上げてくれ」という声が高まってきたことは、良い循環が起き始めている兆しです。

今後実際に賃金が上がり、「物価も上がったけど、それ以上に賃金も上がったから、生活はそんなに苦しくない。せっかく賃金が上がったんだからもっと買い物をしよう」という雰囲気が広がっていけば、**景気が良くなり、明るい未来につながります。**

景気が良くなれば、国に入る法人税も所得税も増えるわけですから、国の赤字財政も少しずつ健全化するでしょう。そうすれば、「将来年金がもらえないかもしれない」といった不安も消え、安心して暮らせるようになります。

GDPは豊かさの指標ではなくなる

経済成長には消費が必要不可欠ですが、今の若い人たちには「モノからコトへ、買い物よりも体験へ投資をしたい」「所有からシェアへ」という価値観もどんどん浸透しています。車の免許を持っていても、自分で車は買わずに必要なときだけカーシェアリングを使ったり、自宅も賃貸契約をし続けたりしています。

こういう潮流を受けて、今後日本をはじめとした**先進国では、「GDP」という概念の抜本的な見直しが一段と進む**と思います。

GDPは、消費をしてモノが売れて初めて増えます。お金をかけない「コト消費」では、GDPは増えません。たとえば家族みんなでレストランに行って食事をし、1人1500円のものを4人で頼めば6000円がGDPに反映されます。でも家で1000円くらいの材料を買ってきて、料理をして家族団らんで食べると、GDPは1000円分しか反映されません。

さらにいうと、月500円などの破格の値段で市民農園の畑を借り、自分で野菜を作って家族でおいしく食べ、野菜はもう店でほとんど買わなくなったというとき、ＧＤＰにはほとんど寄与しません。しかしその人が畑づくりに楽しさや生きがいを感じていれば、そこにはＧＤＰに表れない個人の生活の豊かさ、幸せが生まれているはずです。

そのため「ＧＰＤが高ければいい」という価値観だけでは、物事は測れないのです。

たとえばアメリカはＧＤＰが世界1位ですが、「訴訟社会」です。ほんのちょっと何かもめごとがあっただけですぐ裁判にすることで、弁護士への支払いが増えます。訴訟社会はそれだけ支出が増えるので、ＧＤＰにその訴訟費用が上乗せされていくわけです。

またアメリカは医療費がとてつもなく高くつきます。アメリカで虫垂炎になると、手術に１００万円ほどかかるわけです。その手術費用も、全部ＧＤＰに上乗せされていくのです。

こう考えると、アメリカはＧＤＰが世界1位だけれど、本当に国民は幸せなのか？　という疑問が湧いてきます。

ではＧＤＰに代わる指標にはなにがあるのでしょうか。すでにいろいろな議論がありますが、これからさらに活発な議論が交わされることでしょう。

「日本は２０２３年の名目ＧＤＰでドイツに追い抜かれ、ついに4位に転落」というニュースが話題となりました。これで終わりではなく、まもなく25年頃にはインドにも追い抜かれ、5位になるとみられています。

それを受けて悲観的な未来予測などもたくさん出ていますが、そのあたりから「日本はGDPで世界何位」という考え方から抜け出し、「もういいや、そんなことよりも幸せかどうかを考えようよ」と発想を切り替えていくべきだと思います。

企業側の「もしもに対する不安」と従業員側の「仲間を大切に」が賃上げを阻んでいる

アメリカは日本以上に物価の上昇が進んでいて、2022年の物価水準は、日本の約1・36倍にもなっています（OECD調べ）。

しかし物価上昇の最中でも、賃金がどんどん上がる、経済に勢いのある地域に住んでいるのであれば問題ないといえます。たとえばアメリカのニューヨーク州は平均世帯年収が11万1583ドル（1ドル＝150円換算で、約1674万円）、カリフォルニア州は

11万9149ドル（約1787万円）（アメリカセンサスの21年アメリカ地域社会調査、5年間の推定値／GOBankingRates集計）などと高額です。ニューヨーク州やカリフォルニア州で働いているのは主に、IT産業や金融業、コンサルティング業などに就いている知識層です。そうした都市部は、バイデン大統領率いる民主党の支持者が多い地域でもあります。

日本の平均世帯年収は、47都道府県の中で最も高い東京都であっても821万円（22年）で、ニューヨーク州やカリフォルニア州の半分に満たない水準となっています。

ただし同じアメリカでも南部や中西部のような田舎町では、所得が低いままで物価上昇に苦しむ人がたくさんいます。南部のミシシッピ州の平均世帯年収は6万8636ドル（約1030万円）、中西部のインディアナ州の平均世帯年収は8万1703ドル（約1226万円）です。アメリカは経済格差が一段と大きくなっているのです。そうした南部や中西部に住む人たちが、共和党のトランプ支持者という構造になっています。

では、日本ではなぜアメリカのような賃上げが起きないのでしょうか。

これにはいくつかの要因があります。1つ目は**内部留保**です。

日本にも実は、儲けている会社はいっぱいあるわけですが、その利益を社内で留保して従業員に還元しないため従業員の賃金がずっと横ばいになっています。日本企業の内部留保（利益剰余金）の額は、22年には554兆7777億円（厚生労働省「法人企業統計調査」）と過去最高を更新しました。

内部留保する理由は、「もしものことがあったら心配だから」と、きわめて日本的な理由です。日本人の多くが「老後が心配だからお金はしっかりと貯めよう」と考えるのと同じことが、企業でも起きているわけです。

内部留保が増えるきっかけは、08年のリーマンショックでした。突然の環境の変化に対応できる資金を確保しようと考える企業が増えたのです。

コロナ禍が始まった頃、国から自粛を求められて経済活動にブレーキがかかりましたが、日本では倒産する企業はほとんどありませんでした。これは内部留保のおかげで、内部留保を使って社員の賃金を払うことができ、雇用を継続できたというわけです。ただこれもあまりよくない成功体験になってしまったといえます。「やっぱり内部留保は大事だ、だから従業員に還元する余裕はまだない」という話になってしまうからです。

2つ目には、**日本では雇用維持に関する欲求が強い**、ということが挙げられます。アメリカや韓国などの大企業は、仕事ができない人をすぐクビにする、仕事ができる人には賃金を上げる、という合理的な対応を冷徹に実施します。

しかし日本の場合は、「仕事のできる人の賃金を上げ、仕事ができない人はクビにします」と通達されれば、労働組合などが猛反発をしたり、「職場の仲間をクビになんてできない、それならみんなで賃金が上がらないのは我慢しよう」という反応をしたりするはずです。

賃上げを取って、失業率の高い厳しい競争社会を受け入れるのか。賃上げを諦めて、みんなで仲良く沈んでいく社会のままでいくのか。それを選択せざるを得ないときが、日本には迫っています。

2040年の競争社会は少子化をますます加速させる

時代の流れとしては、厳しい競争社会のほうに向かっています。ある大手生命保険会社が、優秀な中途採用人材には年俸5000万円を提示すると発表したことが話題になりました。またＮＴＴグループも、２０２３年４月から大卒新入社員の初任給を14パーセント、専門性の高い人材は24パーセントと、過去に例のない水準で引き上げました。ＮＴＴグループは「Ｇｏｏｇｌｅ予備軍」などと揶揄されるほど、優秀なエンジニアがＧｏｏｇｌｅに引き抜かれてきたため、人材の確保を図って給与を引き上げたのです。

ＮＴＴグループは従業員の年収が高く、たとえばＮＴＴ（日本電信電話）従業員の平均年収は約９７２万円（日本電信電話株式会社有価証券報告書・23年３月期）です。日本の勤労者世帯の世帯主収入の平均約４１７万円（22年）と比べれば2・3倍もの高収入です。しかしＧｏｏｇｌｅ従業員の平均年収は、日本法人のＧｏｏｇｌｅ Ｊａｐａｎが約１５００万円、アメリカのＧｏｏｇｌｅ本社が約２８５０万円ほどとみられており、ＮＴＴで働くよりもさらに高給がもらえます。またＧｏｏｇｌｅは社員に一律の賃金を支払うのではなく、優秀な人にはその能力に応じてさらなる高額の年俸を提示しています。ここまで待遇が違うと、優秀な人からどんどんＧｏｏｇｌｅに引き抜かれてしまうというのはやむを得ない状況です。

こうした「アメリカっぽい」実力主義社会が、日本でも少しずつ展開されつつあります。今の子どもたちが大人になる**２０４０年には、さらに厳しい競争社会が到来**しているかもしれません。

そうなると、「子どもには小さいうちから高いお金をかけて良質な教育を受けさせなければ、競争に勝てない」「そんなお金はないから、子どもは産まないほうがいい」または「一人っ子が精いっぱい」といった風潮がますます高まり、**少子化に拍車がかかってしまう恐れ**もあります。

金利が上がると国債が返済できなくなる

マイナス金利政策を打ち切り、**金利の上昇を容認すると、円安が是正されていくというメリット**があると書きました。しかし一方で、大きなデメリットもあります。安倍政権以降大量に発行してきた国債をいざ返済するときに、金利が上がっていれば、その**返済額がとてつもない額になる**ということです。

今は金利がほとんどゼロであるため、満期になった国債の返済をするとき、利子が少額で返しやすくなっています。たとえばマイナス金利解除前の２０２４年1月に募集していた、元本割れをしない「個人向け国債」は、満期10年の「変動10」の金利が約0・4パーセント、満期3年の「固定3」の金利が0・05パーセントです。100万円分の国債を「固定3」で買うと、満期に100万1500円になるというわけで、大して利子は付きません。

しかし今後政策金利を上げることで、国債の金利が1パーセントや2パーセントになると、利子だけでとてつもない金額になります。国債の購入者にとってはいいことですが、借金をしている国にとっては、大変な事態になります。

国債の発行残高は、23年度末には1068兆円となる見通しです。極端な例ですが、この全額を5年後に返さなければならないと仮定しましょう。固定金利が0・05パーセントなら利子は2・67兆円ですが、固定金利が1パーセントになれば利子だけで53・4兆円の返済が必要になります。

これまでに発行してきた国債に利子を付けて返済するために、お金が足りなければ、さらに国債を追加発行して借金をしなければならない羽目に陥ります。すると財政赤字はさらに雪だるま式にどんどん膨らみ、最後はにっちもさっちも行かなくなってしまいます。

だから日銀も、金利を上げることには慎重にならざるを得ないのです。

「モダン・マネタリー・セオリー」というトンデモ理論

「MMT（モダン・マネタリー・セオリー）」という金融理論があります。国債の発行を増やしても、日銀が紙幣をどんどん刷って買い続ければいくらでも買える、という経済理論です。

安倍元首相がこの理論を好んでいたこともあり、現在もネット上で人気のある経済理論です。私がテレビなどで「今は大丈夫だけれど、国債の発行がこれ以上増え、国の借金が増え続けると心配です」などと発言すると、「日銀が国債を買い続ければ問題ない。池上は、財政規律ばかり重視する財務省の手先なのか」などとネット上で叩かれることがあります。

しかしこのMMTは、日本の主流派の経済学者たちにとっては、**信頼のできない「トンデモ理論」**と受け止められています。言及する必要もない、論評するにも値しないくらいバカバカしい理論ということで無視をしていますが、だからこそネットの世界で、このM

MTが今も幅を利かせてしまっています。

MMTは要するに、「やってみなければわからない理論」です。確かに今の段階では、日本は大量に国債を発行してもうまくいっていますから、「ほら、MMTのとおりじゃないか。問題なんてないじゃないか」と言われれば否定はできません。

けれども今後、日本の財政が本当に破綻しないかどうかはわかりません。日本が国債の債務不履行（デフォルト）に陥れば、国としての信用は失われ、その後の資金調達は困難になり、財政破綻してしまいます。そうなれば日本は取り返しのつかないことになってしまいます。そんな危険な可能性も秘めているために、MMTは「トンデモ理論」なのだというわけです。

日本は今のところデフォルトしない

日本の借金（国債と借入金、政府短期証券の合計）は、2023年12月末時点で1286兆4520億円に上りました。その大半が国債で、1146兆589億円を占めます。対GDP比でレバノンに次いで**世界で2番目に借金の多い国が、日本**なのです。

過去には、ギリシャが09年にデフォルトに陥りそうになり、EUとIMF（国際通貨基金）の支援を受けました。

さらにコロナ禍と、先進国の記録的なインフレ、そのインフレを抑えるための利上げによって、今、途上国のデフォルトの危険性はかつてなく高まっています。20年にはザンビアが、22年にはスリランカやガーナが、23年にはエチオピアが、デフォルトに陥っています。

では借金の多い日本は、デフォルトになる恐れはないのでしょうか。

答えとして、「今のところは大丈夫」といえます。

なぜなら、日本は個人保有の金融資産（預金・株式・保険など）が過去最高の

2121兆円（23年9月末時点）に上るなど、国民が豊かだからです。個人保有の金融資産が、国の借金を上回っている限りは大丈夫です。

理論的には、**国の借金が返せなくなったら、国が国民の預金を封鎖してすべて吸い上げ、借金返済に充てればいいから**です。

太平洋戦争後の1946年2月、実際に「預金封鎖」は行われました。インフレを抑えるため、全国民に対し5円以上の旧紙幣を強制的に銀行へ預金させて封鎖し、生活費や事業費などは一定限度額内に限って新紙幣で引き出すことを認めるとしたのです。旧紙幣は使えなくなり、紙きれ同然となりました。「資産が紙くずになるのが嫌なら、すべて銀行に預金しろ」と政府は国民に迫ったのです。この預金封鎖によって、一挙に国内のインフレを退治し、戦後の復興に向かいました。

預金封鎖は憲法違反などにも当たらないため、理論上、今でもいざというときは日本政府が国民に対し実施できます。

借金大国日本に対し、世界は「いざとなれば預金封鎖で日本国民の金融資産を全部吸い上げればなんとか返せる額だから、まだ借金を重ねてもいいよ」と許容しているわけです。

日本は財政が破綻し、国家予算も組めなくなる

国がこれから新たに借金をしようとすると、国債を発行することになります。国債の保有者別内訳は、日銀が53・9パーセント、銀行や生損保などの金融機関が29・4パーセント（2023年9月末時点）と、主に金融機関が国債を持っています。

金融機関が国債を買うとき、私たち日本国民の金融機関への預金が原資となっています。私たちが銀行へ預金をしている限り、そのお金で国債を買うことができ、だからこそ国債はどんどん発行することができているわけです。預金が減ってしまったら、日本の銀行は国債を買えなくなり、つまり政府は国債を発行できなくなります。

今日本政府は、国債をせっせと外国に買ってもらっています。ちょっと前まで日本の国債の96パーセントは日本国内で買われていましたが、今はそれが93パーセントまで減ってきていて、残りは外国、特に中国に買ってもらっています。

今くらいの割合ならまだ大丈夫ですが、これからもしも中国が日本国債の保有率を高め

た場合、中国は日本を脅すことができるようになります。「中国の言うことを聞かないんだったら、中国は日本の国債を全部売り払うぞ」と。大量に売りに出せば、その途端に需要と供給のバランスが崩れ、**日本国債の価格は大暴落をする**ことになります。

たとえば、「5年後に1万円で返済します」という国債の価格が8000円にまで暴落したとすると、差額の2000円分が利子となります。すると次に国債を新規発行するときも、金利が2000円なければ誰も買ってくれなくなります。

そうなれば日本は財政が破綻し、国家予算も組めなくなります。中国、あるいは外国が大量に日本国債を持つと、将来的にそういうリスクが高まってくるということです。

日本は中福祉・低負担

日本の財政がこれほど赤字なのは、**日本という国が「中福祉・低負担」の国**になっているからです。実は国民が、払っている税金に見合わないくらいの福祉サービスを享受しているのです。だから財政赤字が年々増え続けているという構図になっています。

2023年度予算ベースで、社会保障給付費は134・3兆円であり、内訳は年金が60・1兆円で約5割、医療が41・6兆円で約3割、残りが介護や子ども・子育て関係となっています。これを、約6割は保険料（77・5兆円）、約4割を国と地方の公費でまかなっています。社会保障に対する国庫負担は36・9兆円で、国の一般歳出の50・7パーセントを占めているのです。

アメリカは「低福祉・低負担」です。公的な社会保険制度がほとんどないため、病気やケガをすると、高額の医療費を負担しなければなりません。

「高福祉・高負担」の国は、北欧諸国が有名です。

デンマークは日本の消費税に似た制度の「付加価値税」が25パーセントもかかります。

軽減税率の制度もなく、すべての消費に25パーセントの税金を払う「高負担」の国です。しかしその分、医療費と教育費がすべて無料です。デンマークの病院には支払い窓口がありません。日本に住んでいるデンマーク人も、病気になって手術が必要だったり、高額医療になりそうだったりすると、タダで治療をしてもらうためにデンマークに帰ります。

高齢になれば約9万円の最低保障年金を受給できるうえに、介護や医療サービスを無料で受けられ、高齢者の約4割は住宅手当も受給しています。なにも心配せずに暮らしていくことができます。

教育費も、デンマークでは幼稚園から大学まですべて無料で、大学生になると学費無料のうえに、返済不要のお小遣いももらえます。私がかつて取材した頃は毎月約5万円で、今は物価上昇などで8万5000円ほどになっています。「大学生はアルバイトをせず勉強に専念しなさい、だから国がお小遣いを出します」という趣旨の制度なのです。

こうした手厚い制度が整っているからこそ、デンマークでは個人個人がわざわざ貯金する必要がさほどなく、入ってきた賃金は安心して使うことができ、景気も良いのです。

デンマークでテレビ番組の取材として街頭インタビューをし、「付加価値税が25パーセントというのは、高く感じませんか？」と訊ねて回りましたが、「高い」と言った人は1

人もいませんでした。「医療費も教育費も無料なんだから、当然です」と言うのです。

つまりデンマークでは、**自分たちが納めている税金と、その見返りとして受けている福祉サービスがきちんと「見える化」していて、納得感がある**というわけです。

日本の消費税が10パーセントというのは、世界の先進国ではとても低い水準です。10パーセントという低い消費税しか払っていないのに、社会保障はああしてほしい、こうしてほしいというのは、要求が大きすぎるといえます。

ベーシックインカムは、やってみないとわからない

コロナ禍の頃「**ベーシックインカム**」が話題になりました。国が一定額を収入として国民に支給するというものです。国民全員が、働かなくても生活ができる最低限度の収入を得られれば、セーフティネットがあるわけですから、安心して働いたり、あるいは失敗を恐れずに新たなことに挑戦できるのではという制度です。

しかしベーシックインカムには、当然財源が必要です。そこで今のすべての社会保障をやめてしまって、その分ベーシックインカムにするということなのです。つまり年金も健康保険も生活保護もやめる。すべてをやめる代わりに、全国民に一律にお金を渡します。たとえば1人月額7万円、5人家族なら毎月35万円を支給し、その代わり年金はありませんということです。

仕事は各自、自由にすることができます。かつての社会主義国、ソビエト連邦では、それぞれの仕事が決まっていて、職業ごとに賃金が決まっていました。「自動車の製造ライ

ンの人は、働いても働かなくても賃金が同じ額」といった具合です。そのため「真面目に働いたって、働かない人と同額ならやってられないよね」「どうせ働いても働かなくても同じだよ」という不満が出て、真面目に働く人が激減し、経済が長期停滞しました。

一方のベーシックインカムは、働いても働かなくてもお金は同じだけもらえますが、働く人はその分、働かない人よりも多くの収入を得られます。

ベーシックインカムは、実現する見込みのある制度なのでしょうか。実はフィンランドが、失業手当受給者からランダムに2000人を選び実験をしました。

結果的に、労働日数や稼いだ額などにはまったく変化がありませんでした。つまり「ベーシックインカムをもらえるから働かずに遊んで暮らそう」という人が増えたわけでもないし、逆に「ベーシックインカムがあって安心だから、難しいことに挑戦してみよう」という人が増えたわけでもなかったのです。

ベーシックインカムをもらって、食べていくことはできても、人はやはり贅沢したいという思いがあるはずです。「家族で旅行に出かけて、楽しい思い出をつくりたい」「将来、自分の家を買いたいからお金を貯めておきたい」などと思えば、普通にこれまでどおり働く人はいるわけです。

ただこの実験も短期的なものであり、長期にわたっての影響はまだわかっていません。長期にわたってやってみて、初めて良いか悪いかがわかるはずです。結局、やってみなければわからないのです。

ベーシックインカムを実際に本格導入する国は、2040年までに出てくるのでしょうか。今はまだ、各国ともにためらいがあるようです。

なぜなら従来の社会保障制度を、抜本的に変えなければいけないからです。やってみてうまくいけばいいけれど、ダメだったら社会が大混乱に陥り、大変なことになってしまいます。

日本は実験くらいはするのか、実験をするところまでもいかないのか。フィンランドと日本では、国民性も違うし、環境も違います。

ただ日本でも、たとえば実験的に地域を区切って、いわゆる特区という形で実施する可能性はあるかもしれません。しかし「あなたの地域はベーシックインカムにします」と突然言われたとして、その地域の人たちはどう反応するでしょうか。それがあなたなら、どうでしょうか。

労働者不足で、夫婦共働きが今以上に必須に！

２０４０年、日本が避けて通れない問題が、**少子高齢化とそれに伴う人口減少**です。20年以降、総人口は今まで以上の減少スピードとなっています。これはコロナ禍が到来し、新型コロナウイルスへの感染によって死者が増えたこと、出生数の減少幅が増えたこと、そして在日外国人の国外流出数が増えたことによるものです。

65歳以上の人口割合を示す「高齢化率」は、２０４０年に34・８パーセントになると見込まれています。国民の３人に１人は高齢者になるわけです。そして２０４０年の生産年齢人口（15歳から64歳まで）は、22年と比べて約１２００万人も減ることになります。

生産年齢人口の人たちは、働いて税金を納めるだけではなく、活発な消費活動をする世代です。そのため、**生産年齢人口が多いと国内消費がどんどん伸び、少ないと消費が減る**ことになります。

総人口の推移

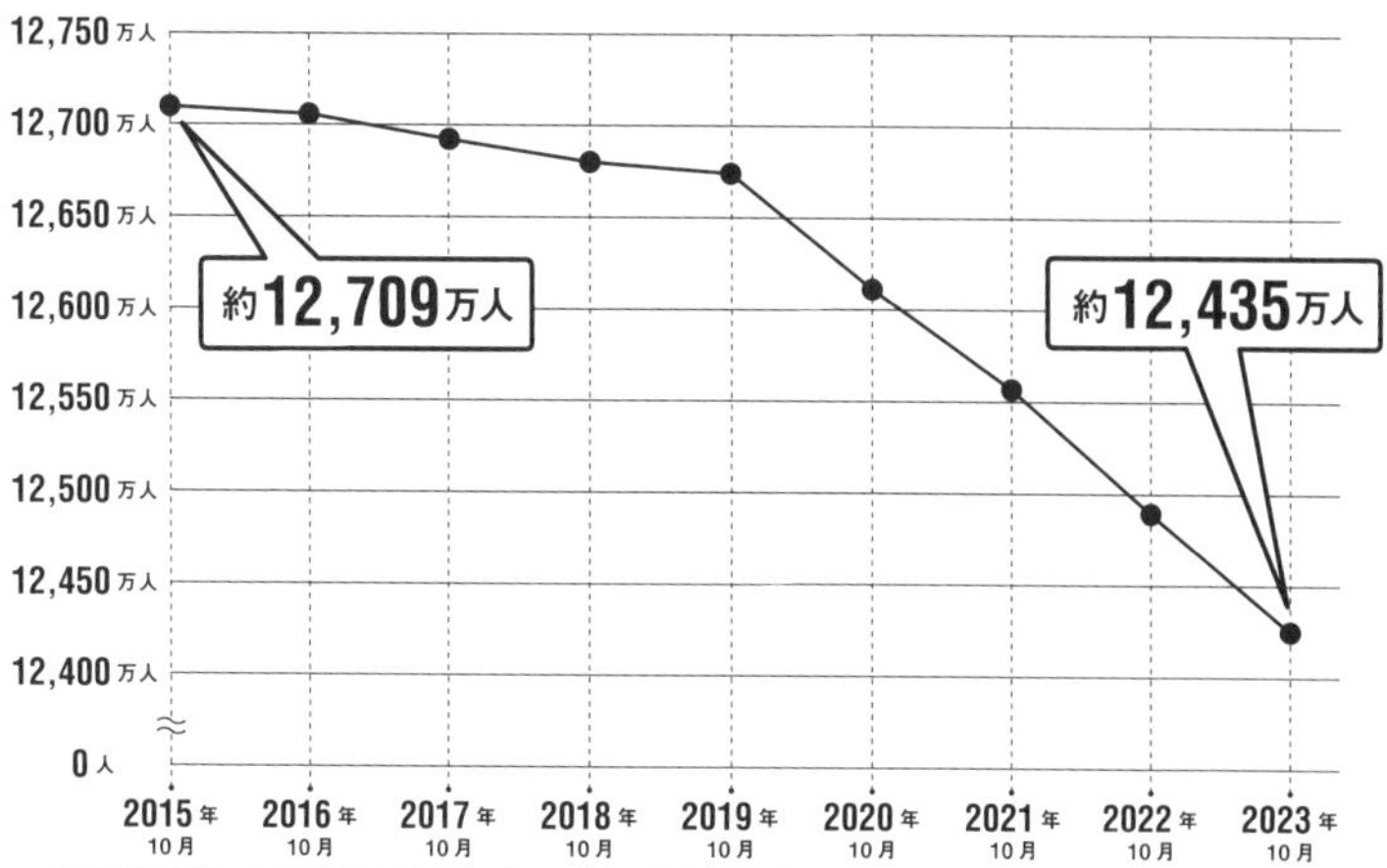

※総務省統計局 「人口推移（令和5年（2023年）9月確定値、令和6年（2024年）3月概算値（2024年3月21日公表）」をもとに作成　https://www.stat.go.jp/data/jinsui/pdf/202403.pdf

高齢化の推移と将来推計

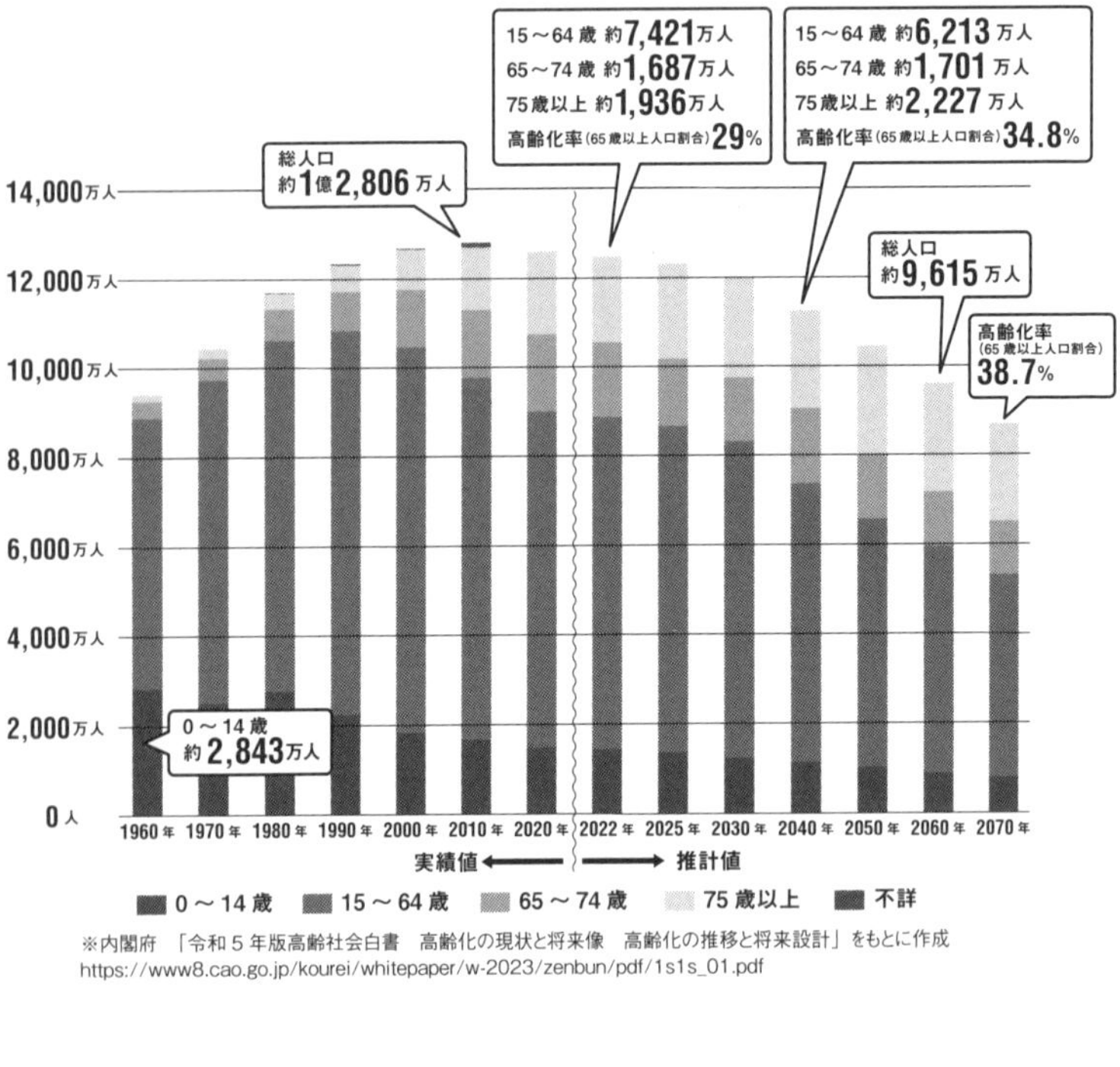

※内閣府　「令和５年版高齢社会白書　高齢化の現状と将来像　高齢化の推移と将来設計」をもとに作成
https://www8.cao.go.jp/kourei/whitepaper/w-2023/zenbun/pdf/1s1s_01.pdf

日本の高度経済成長時代は、戦後すぐのベビーブームで生まれた「団塊の世代」が、大人になって働いたり消費をしたりするようになった時期でもありました。人口が増えることで経済にボーナスを与える「人口ボーナス」期が、まさに高度経済成長期だったのです。日本は人口ボーナスで戦後の復興を果たし、経済を世界2位にまで発展させました。

しかし人口が減り始めると、それらがすべて逆回転をするようになります。働く人も減る、消費も減る、税収も減る。これを「人口オーナス」期といいます。オーナスとは「負荷」という意味で、負の現象のことを指します。

人口ボーナス期から人口オーナスに転換しているのが、今の日本です。どんどん人口が減り、働いて税金を納める人が減り、そして活発に買い物をする人もどんどん減っていく、それによって経済がどんどん縮小していくということが、今始まっているわけです。

人口減少に伴う労働者不足に関しては、第1章で触れたように機械やＡＩの活用で解消しつつ、女性も高齢者も多くの人ができる限り長く働くことで解消する必要があります。

「女性は家にいて扶養されるべき」「家事・育児に専念」は完全に過去のものに

終身雇用制がなくなり、雇用が不安定になる可能性も高まることで、昭和の時代に急増した「男は外で働き、女は家で家事や育児に専念する」という概念や「専業主婦」という存在は、今以上にあり得ない過去のものになっていくはずです。

昭和の高度経済成長期には、プライベートを犠牲にしても働く**男性サラリーマン**と、家で家事や育児を担う**専業主婦という家族の形態が多数派**を占めていました。

税制も、サラリーマンと専業主婦の子持ち世帯という想定の下で設計されました。そうしてできたのが**「配偶者控除」「扶養控除」**です。配偶者や子どもを扶養している人はその分、税金や社会保険料の負担を軽くしてあげますという制度です。

しかし男女雇用機会均等法（1985年制定、86年施行）や、バブル崩壊後に世帯主の所得が低迷したことなどから、結婚や出産をした後も働き続ける女性が増えていきます。92年には、夫婦共働き（妻が64歳以下）の世帯数が専業主婦世帯を初めて上回り、逆転し

共働き世帯数と専業主婦世帯数の推移

（妻が64歳以下の世帯）

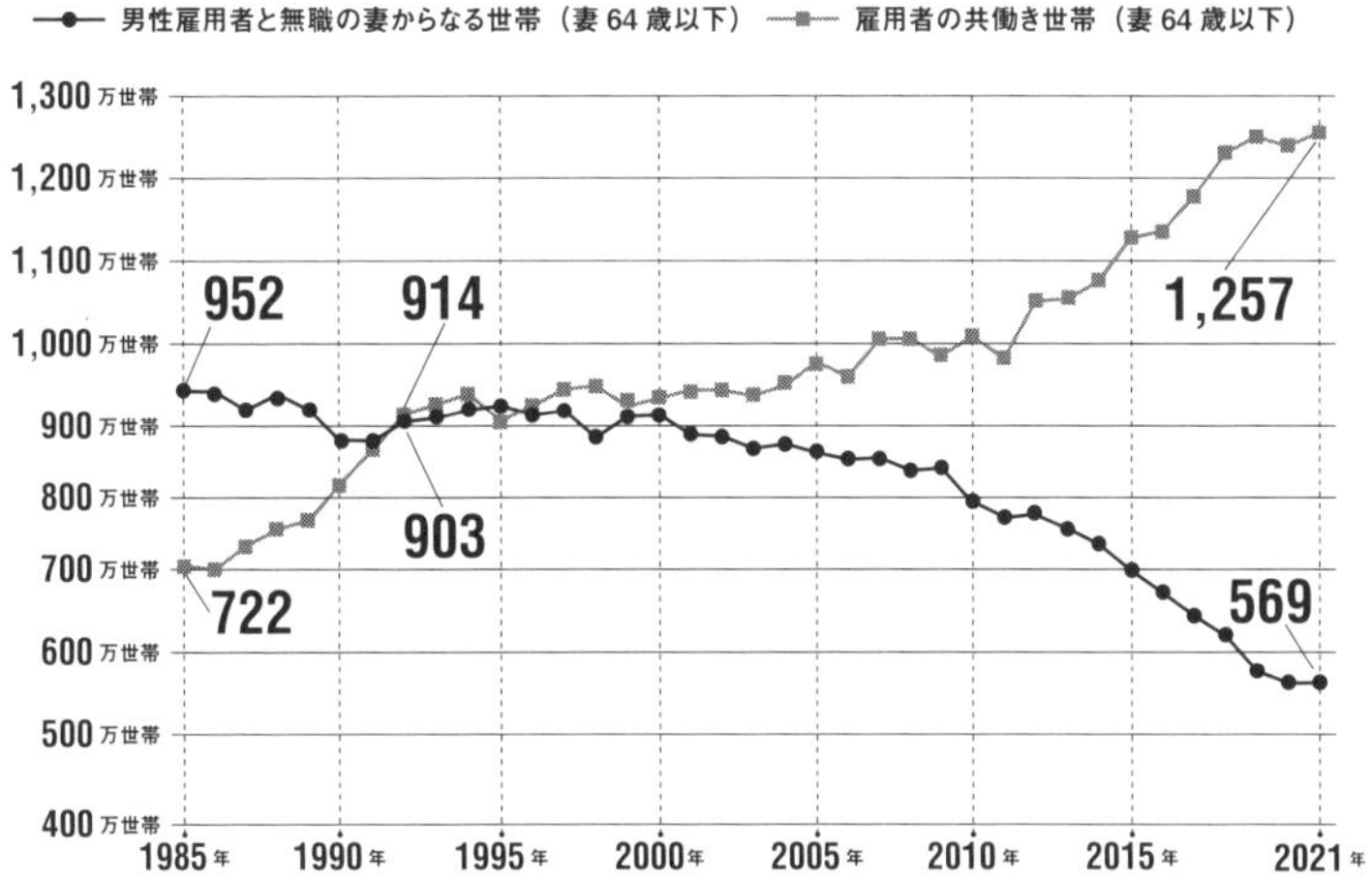

※労働政策研究・研修機構「専業主婦世帯と共働き世帯」をもとに作成
https://www.jil.go.jp/kokunai/statistics/timeseries/html/g0212.

ました。その差は年々拡大し、２０２１年には専業主婦世帯５６９万世帯に対し共働き世帯が１２５７万世帯と、２倍以上の開きが出ています。

かつては結婚や出産をした女性は「仕事を辞めるのが当然」という社会的な圧力があったこともあり、結婚・出産後に働き続けることは難しいものでした。そのため日本女性の労働率を５歳ごとの年齢階級別でグラフにした場合、結婚や出産をする女性が増える25歳から35歳で労働率が低くなる、「M字カーブ」を描くグラフになっていました。現在はM字カーブのくぼみが、以前と比べて浅くなってきています。今の若い世代では、結婚・出産を機に仕事を辞める女性は減っています。

女性の年齢階級別労働力率の推移

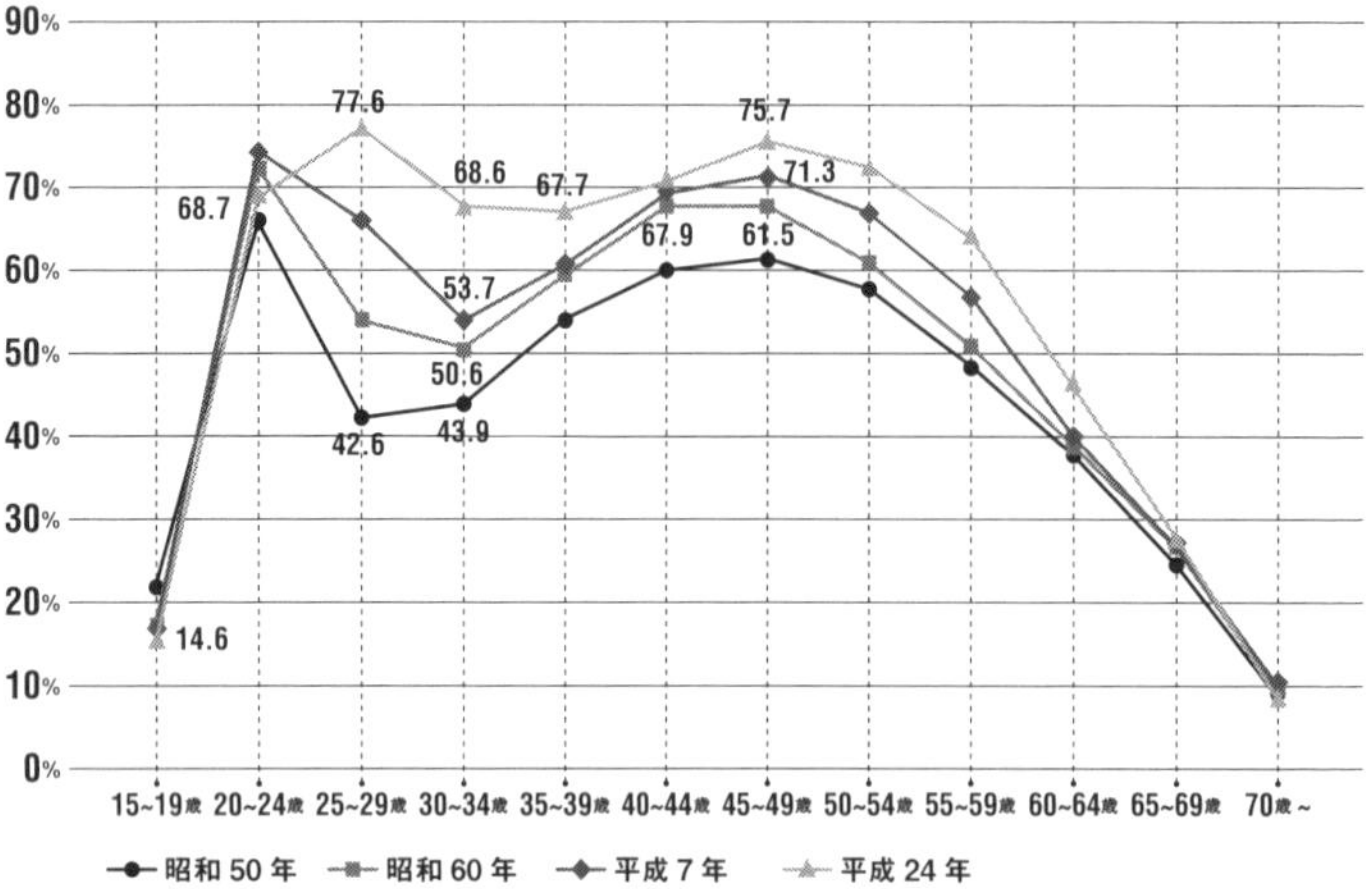

※内閣府（男女共同参画局「女性の年齢別労働力率の推移」）をもとに作成
https://www.gender.go.jp/about_danjo/whitepaper/h25/zentai/html/zuhyo/zuhyo01-02-01.html

ただしその就業形態まで分析すると、女性はもともと男性に比べて非正規雇用が多いうえに、25歳以降でさらに、正規雇用が減少して非正規雇用が増加する傾向が見られます。正規雇用で働いていた女性にも結婚や出産を機に、パートタイムや契約社員、派遣社員などの非正規雇用の仕事を選択する人がまだまだ多いのです。

さらに扶養控除の制度があることで、非正規雇用の既婚女性では「働き控え」が起きています。年収によって税金や社会保険料の負担が変わってくる「年収の壁」があるために、年収をあえて低く抑えるような働き方をする人が多いのです。

年収がおおよそ100万円（居住自治体に

年齢階級別労働力率の就業形態別内訳（平成24年）

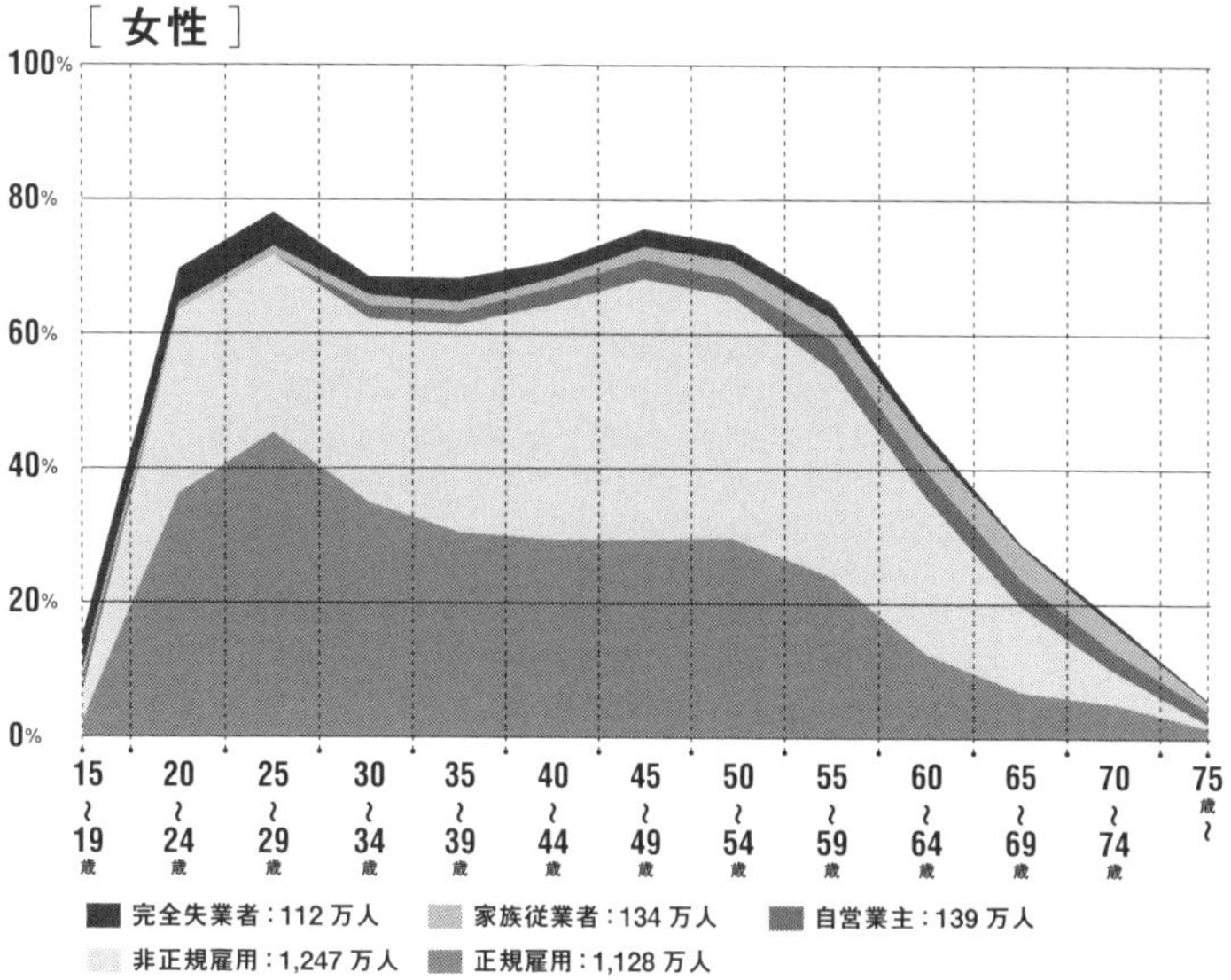

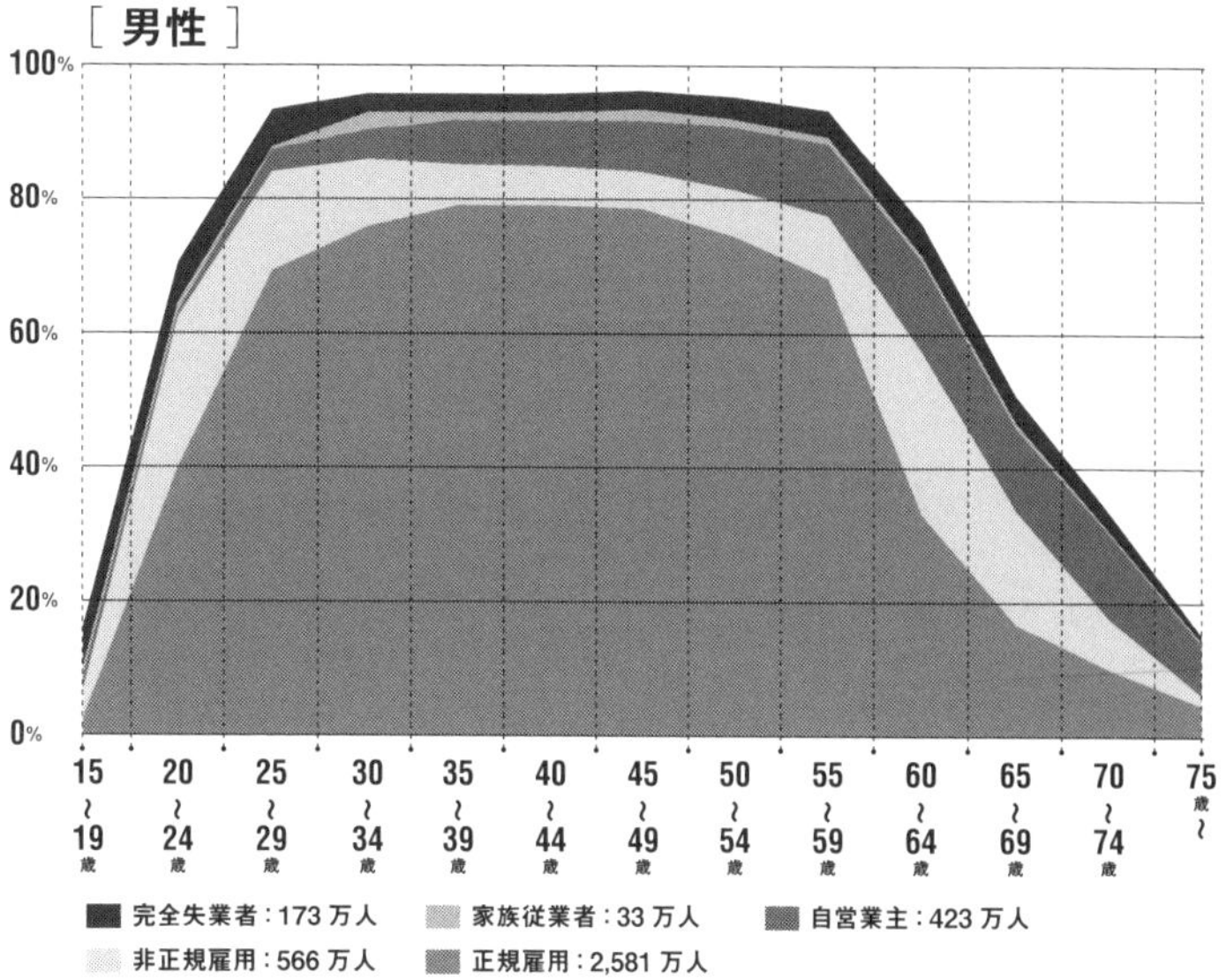

※内閣府（男女共同参画局「年齢階級別労働力率の就業形態別内訳」）をもとに作成
https://www.gender.go.jp/about_danjo/whitepaper/h25/zentai/html/zuhyo/zuhyo01-00-14.html

男女間賃金格差の国際比較

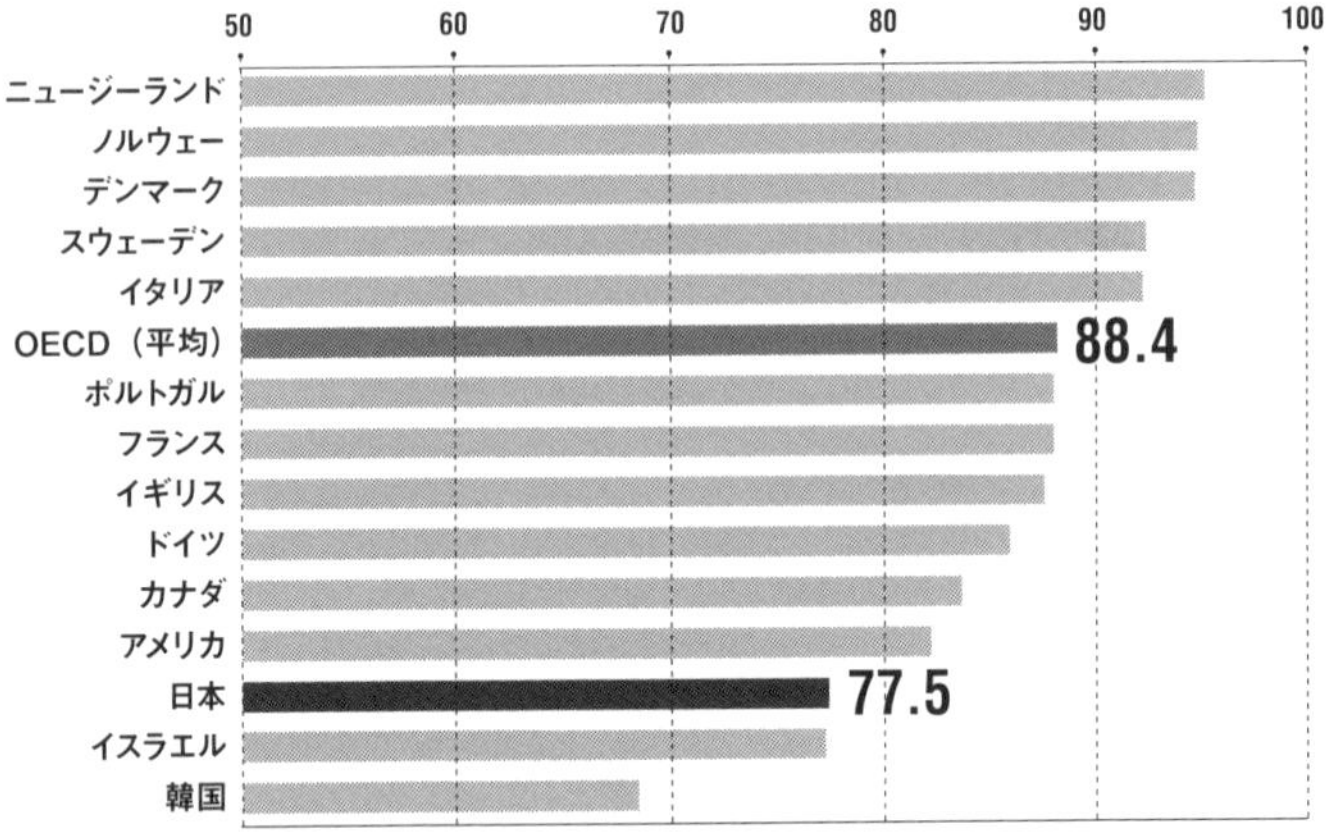

備考：男性のフルタイム労働者の賃金の中央値を
100とした場合の女性のフルタイム労働者の賃金の中央値
※内閣府（男女共同参画局「男女間賃金格差（我が国の現状）」）をもとに作成
https://www.gender.go.jp/research/weekly_data/07.html

よって異なる）を超えると住民税を、１０３万円を超えると所得税を、１３０万円（条件によって１０６万円）を超えると社会保険料（年金や健康保険）を払う必要があり、この壁を中途半端に超えてしまうと手取り額が減ってしまいます。また年収１０３万円を超えると配偶者控除を受けられなくなり、１５０万円を超えると配偶者特別控除の金額が減り始め、２０１万円を超えると配偶者特別控除がゼロになります。

　年収の壁はそもそも、自民党の保守派議員たちの「男性が外で働いて、女性は家を守るべきだ。女性は男性の扶養家族になっていればいいんだ。女性が自分でどんどん稼ぐのなら、扶養にはしてやらない。あくまで扶養される立場として女性が働くとすれば、まあ100万円くらいまでだ」といった発想で、配偶者控除という制度が勝手に決められたのです。

民主党は政権交代した09年に、この配偶者控除をやめようとしました。同じ現場で同じように働いていても、独身の人には配偶者控除はなく、既婚で配偶者が働き控えをしている人には配偶者控除があって税金の負担が減るのはおかしい、不平等だ、という理由からです。しかしこのとき自民党が猛烈に反発し、配偶者控除の撤廃は実現しませんでした。

年収の壁を超えると税金がかかってくるということは、つまり「女性は働かず家にいろ」「働いたら罰則があるぞ」というメッセージを、自民党政権が長年、既婚女性たちに向けて暗に送ってきたということです。

こうした状況が長く続いたのは、やはり日本の政治の世界が男ばかりに占められてきたからでしょう。**女性がもっと政治の世界に出ていかなければ、世の中はより良く変わらないということです。**

今ようやく、労働力不足という現実に直面したことで、年収の壁を壊そうという議論が始まりつつあります。ひとまず**23年10月から**は、厚生年金や社会保険へ加入する従業員の手取りが減らないように取り組む企業に対して助成金を出す、繁忙期の一時的な収入増なら引き続き配偶者の扶養に入ることが可能になる仕組みをつくるなどの**「年収の壁」支援策**が、２年限定で始まることになりました。

日本の女性はそもそも非正規雇用が多いうえに、年収の壁に対する働き控えが起きることから、日本では男女間の賃金格差も大きくなっています。

同一労働における男女間の賃金格差は、男性を１００とした場合ＯＥＣＤ平均88・4パーセントに対し、日本は77・5パーセントです。日本の女性の賃金はかなり低いのです。

「ケア」を誰が担うのか

そのうえに日本の女性たちは、夫婦共働き世帯が増えた今でも**「家事・育児・介護など、家族のケアは女性の役割だ」という社会の意識や重圧**にさらされています。男性と同等に働いている女性でも、実態としては女性側に家事・育児・介護、さらには地域貢献活動などの負担や責任がのしかかりがちです。

そのため、「フルタイムで思いきり働きたいけれど、時間や体力的に無理だ」「どうせフルタイムで働けないなら、扶養の範囲内で働く形でかまわない」などと、本人の意欲にかかわらず扶養の範囲内で働く状況に追い込まれてしまうという現実があります。

女性が正規雇用などでしっかりと稼ぐためには、この**「家族のケアを誰が担うのか」**という問題を、構造的に解決しなければなりません。

解決策としては、女性だけでなく男性がもっと家事・育児・介護に時間を割くこと、あるいは家事・育児・介護を外注しやすくする仕組みをつくることなどが挙げられるでしょう。

ひとり親家庭、特にシングルマザーの家庭が貧困に陥りがちなのも、家事・育児に時間を割く必要性から短時間労働の仕事を選ばざるを得ないからで、その結果、非正規雇用になってしまい、低収入になってしまうからです。

非正規雇用の場合は突発的なアクシデントに弱いものです。急な病気やケガなどで少しでも働けなくなると、貯金が底をつき、さらに貧困に陥ってしまいます。

仕事をセーブすれば、貧困に陥ってしまう。しかし複数の仕事をかけもちするなどしてがむしゃらに働けば、子どもの世話を十分にすることができなくなってしまう、というジレンマに陥るのです。

子どもの話に耳を傾ける人、子どもに温かい食事やお弁当を提供する人、宿題をきちんとやっているか、学校の授業にはついていけているかなどを確認したり促したりする人、そういうケアをする人が、子どもにはどうしても必要です。

結局は「フレキシブルに働ける環境」が正解

ケアを外注できないとなると、親が子育てにしっかりと時間を割きつつ、**フルタイムで働けるような仕事環境**が必要だといえます。

コロナ禍で一気に普及した**テレワーク**は、さすがに幼児が家にいるような状況では難しいでしょうが、職住近接を実現するという点ではやはり子育て中の家族にとって助かる制度です。近所の保育所に子どもを預けながらテレワークで働き、急な発熱のときなどには対応をしやすいなどのメリットがあります。**フレックスタイム制**も同様に、子どもの急な変化に対応しやすい制度として、もっと普及すべきでしょう。

また今は男性の育児休業の取得率が高まりつつあり、若い人ほど「家事も育児も、夫婦一緒にやるのが当たり前」という意識が高くなっています。これは非常にいいことです。2004年度には1パーセントにも満たなかった男性の育児休業（育休）取得率は、17年度には5パーセントを超え、22年度には17・13パーセントまで増えました。

ただし男性の育休は短期間にとどまっており、21年度で女性の95パーセント以上が6カ月以上取得するのに対し、男性は5日未満が25パーセント、5日以上2週間未満が26・5パーセントと、取得者の半数以上が2週間未満しか取得していません。

一方で、長期間の育休を取得する男性も、徐々にですが増えてきています。

ある出版社の、私の担当編集者の男性も最近「育休のため1年間休みます。1年後にまた一緒にお仕事をしたいです」と挨拶をしてきました。時代の大きな変化を感じます。

あるいは、「自分の子育ては終わったけれど、もう少し社会のために働きたい」といった地域の人たちが子育て中の人たちを支える仕組みを、発展させていくのもいいでしょう。「ファミリーサポートセンター」などの仕組みが各自治体にありますが、あまり普及していなかったり、前々からの予約や入念なマッチングが必要などで、利用しづらい仕組みになっていたりします。

ファミリーサポートセンターなどで他人に家事や育児を頼るのは、恥ずかしいことでもなんでもないんだという常識もつくっていかなければならないでしょう。

一方、高齢者が育児に関わるときには、常識のアップデートも欠かせません。きつい口調や体罰などは、昔の子育てでは容認されがちでしたが、今は問題になります。「男なんだから泣くな！」だったり、「女の子らしくしなさい！」など、性別役割分業意識を刷り込むような言動もアウトです。

ここも**「リスキリング」**です。今の時代の子育ての常識を学び直してからサポートに入る必要があるでしょう。

たとえば医師や看護師は、一度国家試験に受かれば、子育てで数年職場を離れていても、試験はなしで復帰することができます。しかし十数年も離れていたときなどは、職場復帰前に研修を受け、最新の医療情報や看護のやり方などを改めて身につけてから現場に出るように促されます。子育てにも、こうしたアップデートが必要なのです。

IoT住宅が普及する一方、「ていねいな暮らし」にこだわる人も

共働き家庭で時間や労力を捻出するために必須なのが、家事の時短を進めることです。10年ほど前から、「ロボット掃除機」「食器洗い乾燥機（食洗機）」「ドラム式洗濯乾燥機」が共働き家庭の「新・三種の神器」といわれてきました。2023年時点での所有率は2～3割程度にとどまっているそうですが、重宝しているという共働き家庭は多いことでしょう。

さらに今後は、**IoT住宅も普及**していくと思います。IoTは「Internet of Things」の略で、IoT住宅とは、家電や設備などの「モノ」がインターネットにつながった住宅のことです。家電や設備を一つひとつ手で操作することなく、スマホやスマートスピーカーなどを通して一斉に操作したり、自動設定にしたりすることができるのです。

たとえば外出するとき「いってきます」の一言で、家じゅうの電気を消し、エアコンを消し、シャッターを閉め、戸締まりもしてくれるというわけです。

帰宅をするときも、真夏の暑い時期に最寄り駅に着いたくらいでスマホから指示を出せば、家に着いた頃には冷房が効いて涼しい部屋に帰れます。自動洗浄機能がついた浴槽なら、浴槽の清掃・お湯張りも可能で、帰宅したらすぐにきれいなお湯に浸かることもできるのです。

ＩｏＴ住宅以上の性能をもつ「インテリジェントハウス」も登場しています。住んでいる人の行動を予測する学習機能が備えられている住宅のことで、たとえば「朝起きて洗面所に行き歯磨きをする」習慣の人がいれば、インテリジェントハウスが数回学習した後に、その人が起きて洗面所へ行こうとすると廊下の電気がつき、歯ブラシが自動的に目の前に差し出される……といった具合に、その人の行動に合わせた環境が自動で整えられるのだそうです。

ただこれは、介護が必要な人などにはいいのかもしれませんが、元気な人たちにとっては「生きる力を失わせるのでは？」と心配にもなってきます。自立して生きていく力がどんどん失われて自分では何もできなくなったり、認知症が進んでしまったりしそうです。便利になりすぎることが、２０４０年の大きな課題となる予感がします。

その反動で、不便さもある昔ながらの住宅で「ていねいな暮らし」をして人間性を取り戻す暮らしにこだわるというライフスタイルも、根強い人気が続きそうです。

仕事はどんどんオートメーション化しつつ、暮らしは自然へと回帰し、自分の頭と体を極力使い**「生きる力」を身につける**ほうがよさそうです。

２０４０年に向け ジェンダーギャップ指数・クオータ制のススメ

先ほど、女性がもっと政治の世界に出ていかなければならないと書きました。日本は政治でも経済でも、**男女間格差の大きい社会**となっています。

世界経済フォーラム（ＷＥＦ）が毎年発表している**ジェンダーギャップ指数（ＧＧＩ）**は、日本は世界１４６カ国中１２５位（２０２３年度）です。06年の公表開始以来、過去最低となりました。日本のスコアはほぼ横ばいで推移しています。つまり他の海外諸国が男女間格差解消への取り組みを進め改善していく中で、日本はいつまでも改善できず順位が低いままなのです。

「国会議員（衆院議員）の男女比」は０・１１１で１３１位、「管理的職業従事者の男女比」は０・１４８で１３３位と、政治でも経済でもひどいありさまです。

これを改善し女性の政治家や管理職を増やすには、やはり最初は**「クオータ制」の導入**が必要だと思います。クオータ制とは、一定の比率で男女の人数を割り当てる制度のこと

ジェンダーギャップ指数（GGI）2023年

順位	国名	値
1	アイスランド	0.912
2	ノルウェー	0.879
3	フィンランド	0.863
4	ニュージーランド	0.856
5	スウェーデン	0.815
6	ドイツ	0.815
	～	
15	イギリス	0.792
	～	
40	フランス	0.756
	～	
43	アメリカ	0.748
	～	
105	韓国	0.680
	～	
107	中国	0.678
	～	
125	**日本**	**0.647**
126	ヨルダン	0.646
127	インド	0.643

・スイスの非営利財団「世界経済フォーラム」が公表。男性に対する女性の割合（女性の数値／男性の数値）を示しており、0が完全不平等、1が完全平等。

・日本は146カ国中125位。「教育」と「健康」の値は世界トップクラスだが「政治」と「経済」が低い

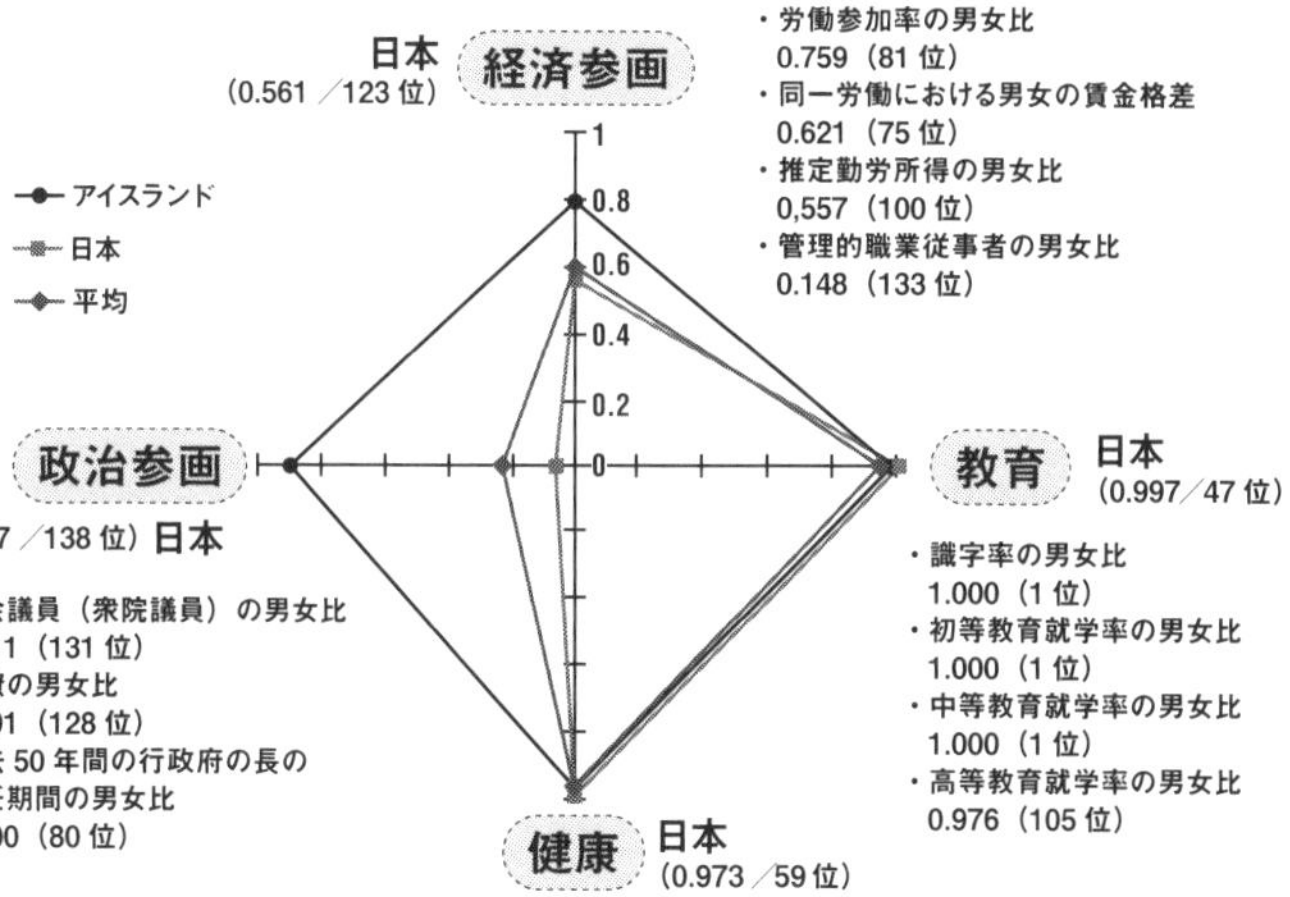

・労働参加率の男女比
0.759（81位）
・同一労働における男女の賃金格差
0.621（75位）
・推定勤労所得の男女比
0,557（100位）
・管理的職業従事者の男女比
0.148（133位）

・国会議員（衆院議員）の男女比
0.111（131位）
・閣僚の男女比
0.091（128位）
・過去50年間の行政府の長の在任期間の男女比
0.000（80位）

・識字率の男女比
1.000（1位）
・初等教育就学率の男女比
1.000（1位）
・中等教育就学率の男女比
1.000（1位）
・高等教育就学率の男女比
0.976（105位）

・出生時の性比 0.944（1位）
・健康寿命の男女比 1.039（69位）

※内閣府（男女共同参画局「男女共同参画に関する国際的な指数　GGI　ジェンダー・ギャップ指数」）をもとに作成
https://www.gender.go.jp/international/int_syogaikoku/int_shihyo/index.html

企業役員に占める女性比率の推移

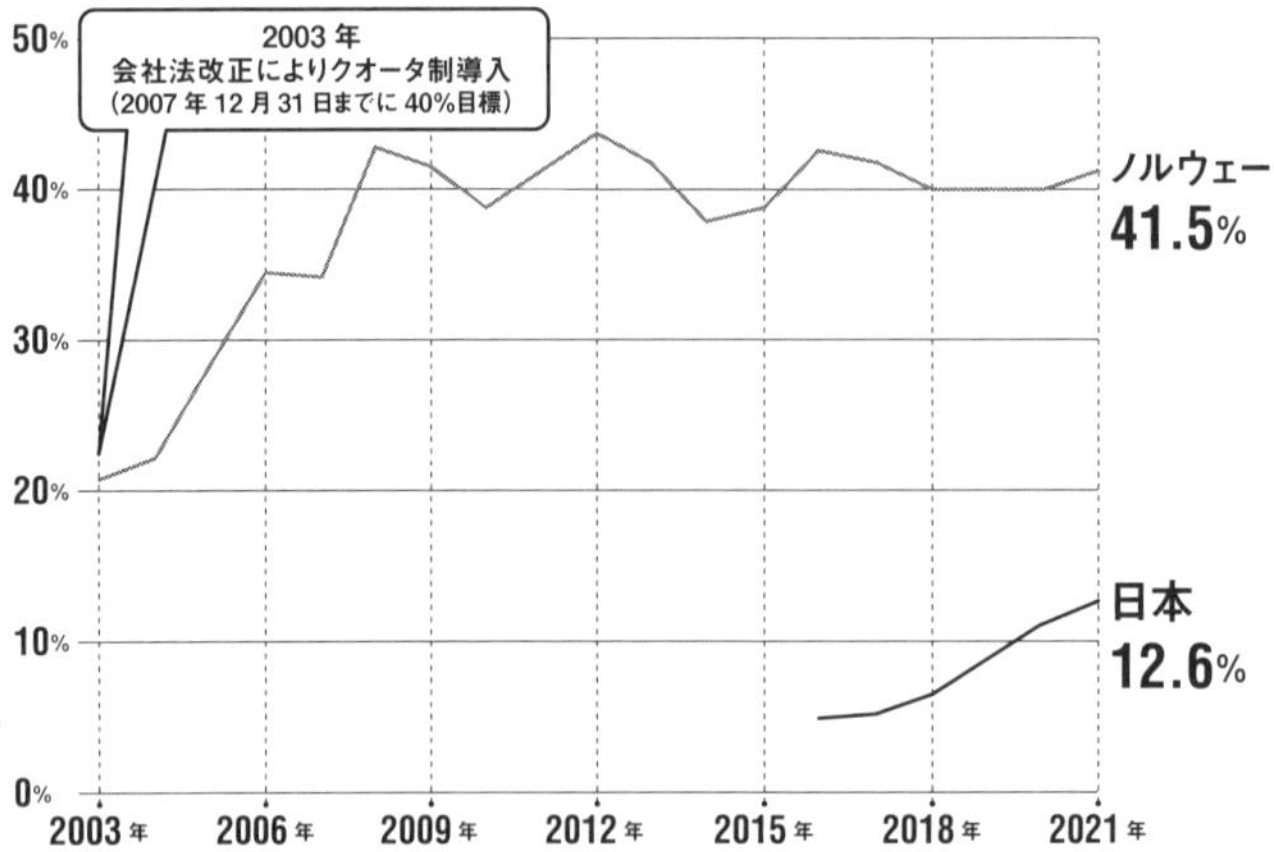

※内閣府（男女共同参画局「各国の企業役員に占める女性比率の推移」）をもとに作成
https://www.gender.go.jp/public/kyodosankaku/2022/202206/202206_02.html

です。

ジェンダーギャップ指数上位にはヨーロッパや北欧諸国が名を連ねていますが、これらの国々も何の対策もせずに女性が社会進出をしていったというわけではありません。たとえばジェンダーギャップ指数２位のノルウェーは、クオータ制発祥の国です。１９７０年代から、政党が党内規約で、選挙候補者リストの４割あるいは５割を女性とするクオータ制を導入しました。78年に男女平等法が制定されると、86年に閣僚の44パーセントが女性となり、88年には同法の改正で「公的決定の場での40パーセントクオータ」が明記されました。さらに２００３年には、会社法の取締役会規定に「40パーセントクオータ」が明記されました。その結果、上場企業の女性取締役の比率は、02年の6パーセントから21年の41・5パーセントまで上昇しました。クオータ制によって、政財界への女性の進出が加速したのです。

政治におけるクオータ制は、現在約120の国・地域で採用されています。採用していない日本は少数派といえます。

日本でも一応、候補者を男女均等にするように政党に求める法律「候補者男女均等法（政治分野における男女共同参画の推進に関する法律）」が18年にできましたが、努力義務であり罰則もないため、ほとんど守られていません。「努力はしたが、良い候補者がいなかった」という言い訳が通ってしまっているのです。

私にいわせれば、たとえば立候補者のうちの3割ないし4割は必ず女性にすると義務づけ、それを実現しない政党には政党助成金を削減するといったルールを作れば、もっとみんな一生懸命に女性候補者を探すことでしょう。罰則規定がなければ、いつまでも本気で取り組まれずに先延ばしされてしまうものなのです。

企業の役員なども「取締役に女性がいない場合は法人税を高くする」などの**罰則規定**を設ければ、女性取締役が急増していくのではないでしょうか。

こうしたクオータ制などの議論では、「それは逆に男性差別だ」と言い出す男性もいますが、男性優位社会が崩れることを恐れているのでしょうか。男女が半々に存在する世の中で、これまで男性ばかりだった意思決定の場に女性の参画を促すことは、多くの人が生きやすい社会をつくるために必要なことです。

婚外子や同性婚など多様な家族の形を認めれば、出生率は上げられる⁉

先進国の少子化が進む中、フランスが20世紀末から出生率を回復させてきたのは有名です。

フランスではPACS（連帯市民協約）という、結婚よりも簡易に成人2人が世帯をつくることができる制度が1999年にできました。

PACSができた背景には、フランスがカトリック教国で、神に「一生添い遂げます」と誓いを立てる正式な結婚をすれば、心理的にも民法上の手続きの面でも離婚が非常に難しいという理由があります。だから正式な結婚はせず事実婚でいたいと考える人たちが、フランスには多いのです。そこで事実婚の人たちも夫婦と同等と見なす制度が、PACSです。これにより、結婚せずにPACSでパートナーと世帯をつくり子どもを産む人が増加し、少子化の改善につながりました。今フランスの出生児の約6割が婚外子となっています。PACSに基づく世帯でも、税の優遇や各種手当などは結婚する場合と大差なく享受できます。

さらにPACSによって「結婚という形を取らなくても夫婦として認める」という価値観がフランス社会に広がったことで、同性婚カップルも受け入れられるようになっていきました。2013年に「みんなのための結婚法」が制定され、同性婚が法制化されました。また同性婚カップルの養子縁組もできるようになりました。

日本も**PACSのような結婚の形**を社会に導入すれば、もっと**出生数は増える**かもしれません。

日本ではいまだに、明治民法でできた**「家制度」**の考え方を引きずっている人たちがいます。家制度では、「家族」は「戸主」の命令に服従しなければならない存在とされました。1898（明治31）年から1947（昭和22）年までの、ほんの半世紀ほどの法制度が今も残存しているせいで、「嫁」をこき使ったり介護要員として無断であてにしたり、あれこれと口出しをしたりする人がいまだにいるわけです。

そういった前近代的な価値観を持つ親族がいる男性と、「結婚はできないけれど、事実婚ならする」と判断するような女性は、案外多いかもしれません。

ただし今の日本ではいわゆる結婚（法律婚）と比べ、事実婚にはさまざまな制約があります。子どもが生まれた際に認知手続きをしないと法律上の父子関係（父親に親権があること、子どもが父親の相続人となることなど）が生じないこと、事実婚夫婦の一方が死亡した場合に遺言書などがなければ、もう一方が相続人となることができないこと、相続税や贈与税の優遇措置もないこと、配偶者控除などの税制上の優遇措置がないことなどです。

いわゆる選択的夫婦別姓制度ですら、自民党の保守派などによる「家族間で姓が違えば、家族の一体感がなくなる」といった反対意見が根強く、いまだ認められていません。「選択的夫婦別姓」の制度導入などを盛り込んだ民法改正案要綱を、法務大臣の諮問機関である法制審議会が答申したのは96年のことですが、実に28年も放置されています。これは信じられないことです。

全員に別姓を強制しているわけではなく、「夫婦別姓にしたいと希望する人は、そうしてもいいですよ」と選択肢を増やすだけなのに、それすら認めず反対するような議員は前近代的価値観の持ち主です。選挙の際の判断材料にしましょう。

同性婚に関しても、日本は欧米ほどはまだ議論がなされていません。しかし当事者たちの訴えをもとに、裁判所が立法措置を促す状況になってきています。

同性のカップルたちが、同性どうしの結婚を認めていない民法は憲法違反だとして、2019年に全国5カ所の地裁で集団訴訟を起こしました。1審の判決で、「憲法違反」という判決が2件、「違憲状態」という判決が2件となりました。大阪地裁のみが1件「合憲」としたものの、社会状況の変化によっては、今後憲法違反になり得ると言及しています。そして5件とも、同性のカップルを法律上の家族と認めるべきだと、国に立法措置を促しています。

国が存続する以上、年金破綻は起きない

「年金破綻論」が定期的に取り沙汰されます。若い世代では、「年金はもらえなくなるんじゃないか」という不安を抱いている人たちが多くいます。

しかし、**「年金はもらえます」**と断言します。「年金がもらえないんじゃないか」ということは、すなわち「日本という国がなくなるんじゃないか」というのと同じ意味だということをぜひ知っておいてください。年金は国として日本国民に約束をしたことですから、国が存続する以上、年金は絶対払わざるを得ないのです。

ただし今の若者たちの世代も、これまでに年金を受け取った世代のようにたっぷりと年金をもらえるかというと、そうはならない可能性は高いでしょう。

私（1950年生まれ）よりも少し年上の世代である「団塊の世代（主に47〜49年生まれ）」は、自分がこれまでに納めてきた年金保険料以上の年金を受け取っています。ただ今後は年齢が下がるにつれ、受け取れる年金額も少しずつ下がっていく予定になっています。今の40歳くらいの人たちは平均寿命の年齢まで生きたとして、納めた額の分と同額

か、それよりも少ない額を受け取ることになる見込みだと試算されています。「損をするのか」と怒りたくなる気持ちもわかりますが、ここで念頭に置いてほしいことは、年金は年金「保険料」という名のとおり、「保険」なのだということです。**保険とは、いざというときのリスクに備えるもの**です。

たとえば健康保険は、病気やケガになったときに3割負担で治療が受けられるもので、だからこそ私たちは毎月保険料を納めています。しかし「保険料を納めていて元を取らなきゃいけないから、病気やケガになりたい」と思う人はいませんよね。

介護保険も、将来介護が必要になったときのリスクに備えて納めているものです。とはいえ「40歳から介護保険料を納めているわけだから、将来寝たきりになって介護保険を受けなきゃ損だよね」とは、誰も思わないはずです。

つまり年金も、本来はリスクに備えるためのものなのです。このリスクとは何かというと、ずばり「長生きのリスク」です。長寿というめでたいことをリスクと言うのは嫌ですが、そういう制度設計だというわけです。長生きしたけれど、高齢になって仕事もなく、十分な資産がない。そういうリスクに備えて、年金が出るのだということです。

そのため本来、所得の高い人、資産をたくさん持っている人など、年金をもらえなくても生活できる人は年金を受け取らなくていいはずなのです。将来的には年金本来の意味に立ち返って、日本の年金は**所得の高い人や資産の多い人には支給しなくなる**可能性はあります。

現在も、年金受給資格を得ていても給与所得が多い人は、月6万円の老齢基礎年金のみを受け取り、それ以外の老齢厚生年金は一部のみの支給、または支給停止となっています。老齢基礎年金も、収入のある人には支給を停止すればいいじゃないかという議論が出ています。資産を持っている人への年金の支給停止という案は、今までは資産を把握する方法がなかったために現実的ではありませんでした。けれどもマイナンバーへの銀行口座の紐づけが進みつつあるため、今後は可能になっていく見込みがあります。

現時点では政府は国民の所得しか掌握できていませんが、これから銀行預金などの資産も政府が追跡できるようになります。すると「一定の資産がある人に関しては年金を支給しません」ということが、将来的に検討されるようになると思います。

年金はあくまで保険なのだから、「年金が受け取れなくて損だ」ではなく、「年金に頼らなくても生活ができるというのは幸せなことなんだから、もらわなくてもいい」と発想を転換すべきだという議論がこれから活発になっていくはずです。

年金受給開始年齢が年々後ろ倒しされていることも、多くの人の不満を買っています。年金定額部分は男性が２００１年から、女性は06年から、３年に1歳ずつ12年かけて、受給開始年齢が60歳から65歳へと引き上げられました。年金の報酬比例部分も同様に、男性は13年から、女性は18年から、12年かけて引き上げられている最中です。

しかし昔は、平均寿命が短かったわけです。たとえば01年の日本人の平均寿命は、男性78・07歳、女性84・93歳でした。22年では、男性が81・05歳、女性が87・09歳です。21世紀になってからも、平均寿命は2〜3年ほど延びているのです。

つまり受給開始年齢が60歳から65歳へと引き上げられてはいますが、平均寿命も延びていることで、実質的に年金をもらえる年数はそれほど変化しないといえます。

また、医療は日進月歩で進化しています。最近ではアルツハイマー病型認知症の進行を抑える薬が開発され、おおいに話題となりました。人生１００年時代、高齢になっても寝たきりになったり認知症になったりせず、元気で過ごす人が増えてくるはずです。その人たちに70歳くらいまで元気に働いてもらい、年金を受け取るのではなくむしろ年金保険料を納めてもらえば、今後日本の高齢者が増えていっても社会がなんとか成り立っていく、そういう明るい未来があり得るはずです。

年金保険料を払わない人は損をしている

「年金をもらえないかもしれないんだから、年金保険料を納めない」と主張する若い人もいます。しかしこれは間違いです。理由は3つあります。

1つ目は、「年金は世代間の仕送り」という仕組みであり、自分がもらえないかもしれないから払わないというのは、きわめて近視眼的で自己中心的な考え方だからです。年金はあくまで社会保障の一環です。働いている若い人たちが税金を納め、国がそのお金を社会保障として、これまでの日本社会をつくってくれた高齢者に「世代間の仕送り」として渡しているのです。年金などの社会保障はそもそもそういう仕組みなのだということを、ぜひ知っておいてほしいと思います。

2つ目の理由は、国民年金の一部は消費税が財源となっているからです。

年金保険料を納めない人は、将来年金がもらえないわけです。しかし年金保険料を納めない人も、消費税は日々の生活の中で納めています。その自分が払った消費税が、年金保険料を納めてきて受給資格のある人たちには年金として還元され、自分は受け取れないとなると、まさしく損をするわけです。

そして3つ目の理由は、年金は万一のときの「保険」になるからです。現役世代の人であっても、たとえば交通事故や病気などで障がい者になったときに、年金保険料を納めていれば若いうちから「障害年金」を一生涯にわたって受け取れるのです。

だからこそ、20歳になったらすぐに手続きをして、年金に加入すべきなのです。まだ学生で金銭的に納められないというときには、「学生納付特例」の手続きをすれば、後から支払うことができます。特例期間中に障がい者になった場合も、年金を納付していたときと同じ満額の障害年金を受給することができます。**年金はまさに「リスクに備える」**ということです。

マイナンバーで純資産への課税が始まる

マイナンバーと銀行口座との紐づけによって、政府が国民一人ひとりの資産を把握できるようになると、資産の多い人には年金の支給停止もあり得ると書きました。

さらにいえば年金だけでなく、そもそも富裕層が持っている純資産に対し毎年課税をする**「富裕税」**が、日本でも導入される可能性も高まっています。富裕税は、ノルウェー、スイス、スペインなどで導入されています。

働いている人は普段から所得税を納めていますが、働いてはいないけれど多くの資産を持っていて、遊んで暮らせるようなお金持ちがいます。その人たちの純資産への課税を行い「富裕税」を取り、格差の是正を図ったほうがいいのではないかという議論があるのです。

政府からの給付金などが受け取りやすくなるという触れ込みで、マイナンバーへの「公金受取口座」の登録が推奨されました。また銀行でこれから新しい口座を開設するときには、マイナンバーが必要になっていく可能性があります。**マイナンバーによって国民個人**

の資産を把握できるように、政府は取り組んでいるのです。

しかし資産に課税をされそうな富裕層たちは、「この資産は、せっせと働いて所得税を納めながら築いたもので、それにまた税金をかけられるのは『二重課税』だ」と主張しています。

一方で、これから国のお金が足りなくなってくれば、何十億円も資産を持っているような富裕層から少しでも税金を納めてもらいたいと政府が考えるのは自然なことです。純資産への課税は、政府が内々に検討を進めているはずです。

実質的な移民受け入れで後発開発途上国からの移民は増える

第1章で、エッセンシャルワーカーの人手不足はこれからも続くということに触れました。特に**介護人材**は、少子高齢化が進むとますます需要が高まるため、**人手不足が加速する**ことでしょう。

介護職の人手を確保するためには、介護職の給与を上げなければなりません。現在40歳以上の人から徴収している介護保険料をさらに増額する必要が出てくるでしょう。あるいは介護保険料がこれ以上値上げできないとなれば、消費税を上げてその不足分に充てるしかありません。今の日本のような「中福祉・低負担」のままではいられず、結局は消費税を北欧諸国並みの25パーセントなどまで引き上げ、「高負担」をしなければならなくなるかもしれません。

その解決策として人材不足の業界での人手を確保するために、国は**移民の受け入れ**を実質的に認め始めました。

これまで外国人労働者で、専門的・技術的分野の仕事に就いていない人たちに関しては、1993年に創設された**「外国人技能実習」制度**を利用する人が多くいました。これは発展途上国の人材を育成する国際貢献を目的とした制度で、最長で5年間日本で働けるというものです。しかしその実態は人材育成ではなく国内の労働力不足を補うためのものになりがちで、技能実習生を受け入れる企業の中には、日本人の最低賃金以下で外国人労働者を安くこき使ったり、給与の未払いや不合理な解雇などを行ったりする雇い主もあり、人権侵害だと国内外から批判されてきました。

安倍政権下の2019年4月には、技能実習制度と共存する形で、新たな外国人人材の受け入れ制度**「特定技能」制度**が始まりました。即戦力の一般労働者である「1号」には最長5年の在留期間を認め、高度な技能を持つ外国人労働者が対象の「2号」ではさらに、日本での長期就労が可能なうえに家族を日本へ呼び寄せることができるとしています。つまりそれは**「定住を認める」ということ**です。実質的な「移民受け入れ」に、日本は明確に舵を切ったのです。

しかし自民党の保守派を中心に、「外国人移民が増えれば治安が悪くなる」などと反対する人たちもいるため、建前では「移民の受け入れではない、技能労働者の受け入れなんです」という口実をもうけているのです。本音は、「労働者として外国人移民を受け入れる」ということなのです。

国はこうした外国人労働者によって、介護士の人材不足も解消しようとしたのですが、なかなか進んでいません。

介護分野での外国人受け入れ実績は、技能実習生が約1万5000人、特定技能が約1万7000人、留学によって介護福祉士資格を取得する「在留資格『介護』」の人材が5000人強、そして経済連携協定（EPA）に基づき介護福祉士資格を取得するインドネシア・フィリピン・ベトナムからの人材が３０００人強となっています。これらを合わせると約４万人で、介護人材はまだ、外国人労働者のたった約２パーセントにしか満たないのです。

ところが円安が続いているために、残念ながら現実的には「日本で働いても全然金が稼げない」と、外国人が日本を選ばなくなってしまっています。

今、日本で働く外国人の国籍はベトナム、中国、フィリピンの順で多いのですが、これらの国の人々は最近、わざわざ日本に働きに行かなくても自国で働こうと考えるようになってきています。23年10月の厚生労働省の調査では、対前年増加率が高い国は、インドネシア、ミャンマー、ネパールとなっています。ネパール人は東京のコンビニエンスストアで働く姿をよく見かけるようになりました。ネパールやミャンマーはアジアの「後発開発途上国（最貧国）」であるため、円安であっても日本に来て稼いだほうが自国よりも稼げると判断されているわけです。

今日本で働く外国人は約２０５万人で、過去最高を更新しました。同時期の労働力人口は約６９３０万人ですから、労働力の約３パーセントは外国人です。日本も多民族社会になりつつあるのです。

特に北関東は、外国人労働者が非常に増えている地域です。ルポルタージュの『北関東の異界　エスニック国道３５４号線』（室橋裕和、新潮社）に詳しいのですが、過疎や人手不足が進む北関東の各地に、外国人労働者コミュニティができているのです。群馬県大泉町には日系ブラジル人が、館林市にはミャンマーから逃れてきたイスラム系少数民族のロヒンギャ難民が、茨城県の坂東市や土浦市にはタイ人が集住しています。彼らは大手企業の工場や、その下請け工場、あるいは農家などで働いています。外国人労働者向けの飲食店や食品スーパーなども増えていて、日本でも**「移民社会」が急速に広がっている**ことが実感できます。

今後コンパクトシティが加速する

人口が減少することで、どんどん増えていく空き家をどうするのかという問題がありま す。空き家を放置していると、犯罪の温床になったり自然災害のときに崩れてしまったりして、周りに迷惑をかけることになります。

また地方ではスーパーマーケットや病院に行くにも自動車がなければ大変だということで、認知機能が落ちてきていても高齢者がなかなか運転免許を手放せない結果、事故が多発しています。

しかし裏を返せば、住宅や土地が余っていくわけで、これからは住宅事情がよくなることも考えられます。住宅や土地の値段が下がって、買いやすくなったり、より広い家に住めるようになったりするというわけです。

子どもの数も減っていますから、親の家や土地を相続する人も増えるでしょう。

あるいは、**コンパクトシティが推進されていく**かもしれません。今は田舎が「限界集落」などと呼ばれ、平家の落人集落のようなところに「ポツンと一軒家」があり、高齢者が住んでいるケースがあります。地方市区町村の財政も窮乏するなか、その少数の人のために公共のバスを出すことが難しくなってきたなど、いろいろと深刻な問題が起きてきています。

けれどもコンパクトシティにすれば、みんなが集住することでスーパーマーケットも病院も徒歩で行ける範囲に集まり、車の免許を返納しても暮らしやすくなるというメリットがあるのではと、そういう未来を想定してみるのです。

道路や電気、ガス、上下水道などのインフラ維持もしやすくなるでしょう。デメリットとしては、「誰もが全国津々浦々、好きなところに自由に住む」ことは残念ながらできなくなります。それでもコンパクトシティによるメリットが上回れば、経済的なチャンスも生まれるかもしれません。

たとえばヨーロッパの場合、もともと教会と広場があり、その広場を囲む形で店が並んでいるコンパクトな街があり、そこから郊外に行くとあとは牧場や草原がずっと続いているという、メリハリの効いた街づくりになっています。

日本の場合、ひたすら家が途切れず続いているところが圧倒的に多いのです。ヨーロッパから日本に旅行に来て、東海道新幹線で東京から名古屋や大阪に向かう人たちは、家がいつまでも途切れない景色に驚くそうです。

少子高齢化が不可逆的なら、その社会に合わせた形での街づくりを進めていくと、それをきっかけに非常に居心地の良い街ができるかもしれません。

未来を大胆予想！ 暮らし編

明るい未来

「高福祉・高負担」を目指し消費税は上がったが、子育てや介護を助ける制度が充実し、少子化は食い止められ、老後の不安も薄れる。老若男女を問わず、ワークライフバランスの整った息の長い働き方ができるようになり、多様性のある社会が実現。政財界のトップには女性も増える。国の税収も増え、財政赤字が圧縮される。

Chapter

04

暮らし編

〜経済・少子高齢化は改善されるのか?〜

池上彰が明るい未来、暗い

暗い未来

ジェンダー平等には程遠いままなので育児や介護は女性の仕事、各家庭でなんとかしろという空気。エッセンシャルワーカーも不足しているため、保育所や介護施設に頼ることもできず、外に働きに出たくても働けずに、育児離職や介護離職をする人が増加。少子化はさらに加速、移民も来てくれず、男性の長時間労働も加速。多様性のない社会はさらに硬直化していく。生活困窮者も急増。女性の力を活用できずどんどん衰退する日本。

Chapter 05

健康編

～生きるということ～

生命という神の領域。

人間のテクノロジーはどこまで未来を明るくできるだろうか？

テクノロジーの進化で病気を早期発見・早期治療！がんは治る病気になる

2040年に向けて医療テクノロジーがさらなる進展を遂げることで、**病気の早期発見・早期治療は今以上に可能となる**でしょう。それによって、**人々の寿命もさらに延びていく**はずです。

たとえばがんを早期発見するには、CT（コンピューター断層撮影）やMRI（磁気共鳴画像診断）によって撮影した画像を医師など人が精査し、病巣を見つける必要があります。その仕事をAIに担わせることで、見落としを防ぐことができるようになるのです。

CTやMRIなどの撮影画像は素人が見てもよくわからないもので、放射線科の医師が見て診断をするのですが、ベテランでも病巣を見落としてしまうことがあります。そうした見落としは患者の命に大きく関わってくるため、医療訴訟も起きています。

しかしAIならば、すぐに病巣を発見できるうえに、見落としがないのです。現在CTやMRIなどの大量の撮影画像をビッグデータとしてAIに読み込ませ、学習させる試みが始まっています。

大腸にポリープという突起物が見つかった場合、そのポリープが良性か悪性かの判断も、ＡＩができるようになりました。ポリープが良性なのか悪性なのかの判断は、これまではポリープの一部を切除して病理組織検査をしなければわかりませんでした。しかし今はポリープを内視鏡カメラで見るだけで、ＡＩがその形態や色の具合などから判断してくれます。ポリープは、良性であれば手術をする必要はなく経過観察を続けるだけでいいものの、悪性であればすぐに手術をする必要があります。**ＡＩによって手術にたどり着くまでの時間を、大幅に短縮することができる**というわけです。

また診療の場にもＡＩを導入すれば、新人医師もＡＩと相談しながら治療方針を決められるようになり、**ベテランとの技量の差を埋められるようになる**でしょう。

さまざまな症例をビッグデータとして学習したＡＩがあれば、医師が自分の専門外の病気の可能性も見落とすことなく、**適切な診療科へ患者を迅速に紹介することができる**ようにもなります。

病院を訪れる患者にとってもＡＩは役立ちます。大きな病院などでは、呼吸器内科と呼吸器外科、脳神経内科と脳神経外科というように診療科が細分化されていて、患者が自分の症状を何科で診察してもらえばいいのかわからないことがあります。そうしたとき、AIがそれぞれの症状から最適な診療科を案内してくれるような総合窓口があれば、病院の待ち時間の短縮や、医療事務の効率化が図れます。

「私、失敗しないので」という名セリフで有名な医療テレビドラマがありますが、これからの時代は「AIが助けてくれるから、私、失敗しないので」と胸を張る医師が増えていくかもしれませんね。

日本の過疎地医療を救う遠隔手術

外科手術の現場には、ハイテク技術を駆使した手術支援ロボットが導入されてきています。私も東京大学の医科学研究所で、**「ダヴィンチ」という手術支援ロボット**の進化形の研究を取材させてもらったことがあります。

ダヴィンチはこれまでの鏡視下手術（腹腔鏡下手術、胸腔鏡下手術など）にロボットの機能が搭載されたもので、３Ｄカメラで患部の立体画像を見ながら、医師が患者に触れることなく遠隔操作でアームを動かして手術をします。

細かいところもカメラのズーム機能で拡大しながら、3本のアームを使って手術ができます。また手術をする医師の手振れを制御してくれる機能もあるため、不器用な人でも繊細な手術ができます。

患者にとっても、ダヴィンチでの手術は手術中の出血量がきわめて少なく、回復も早いというメリットがあります。

こうした遠隔操作できる手術支援ロボットがさらに普及していけば、将来的には**すご腕の医師が遠く離れた患者の手術もできるようになる**でしょう。実際、5000km以上離れた愛知県とシンガポールとで遠隔手術をする実証実験もすでに行われました。国産の手術支援ロボット「hinotori」で、人工の胃からがんを切除する実験が無事に成功したのです。

人口減少と過疎化が進んでいく日本国内でも、こうした遠隔手術支援がさらに充実していけば、いざというときの手術も遠くの名医に執刀してもらえるようになるでしょう。

さらに、2030年に向けて研究が進んでいる**「6G通信」**が普及すれば、**月面にいる患者を地球上の医師が手術する**といったSF的な近未来もいずれ現実のものとなりそうです。医科学研究所では、この研究・実験をしていました。6G通信では、通信の高速大容量化、遅延の低下、通信エリアの拡張、同時多数接続、消費電力の低減、レベルの高いセキュリティと安全性が実現でき、さまざまな社会変革が起きると予想されています。

月と地球の間は非常に遠いため、電波に何秒かの遅延が起きます。そんな中での遠隔手術は、思わぬ失敗が起きる恐れもあります。しかしそうした点も、AIが電波の遅延状況を自分で判断してコントロールし、ミスが起きないようにする研究が進んでいるので、改善できるはずです。

実際に2024年には、国際宇宙ステーション（ISS）で「MIRA」という手術支援ロボットが、生体組織に見立てた輪ゴムを切るなどの実験を行いました。

ただ宇宙で実際に人体の手術をするとなると、手術室の滅菌処理をどう行うか、無重力の宇宙空間特有の事情、たとえば手術中に出血したらそれが球体となってあたりに浮遊してしまうことにどう対応するか、などといった多くの課題を解決する必要があります。

3Dプリンターで移植可能な臓器を作製!

医療に活用できる3Dプリンターも注目されています。新米医師の手術の練習用として、感触までそっくりに再現した各種臓器の模型が作られるようになっています。

たとえば膵臓は、腹部のさまざまな臓器のさらに奥にあり、手術が難しい臓器です。しかし3Dプリンターで作った膵臓の模型で、実際の手術の前に練習を重ねることができるようになりました。膵臓がんの患者のCT画像をベースに3Dプリンターで模型を作ることで、どこを切除してどこを縫合するのか、他の臓器や血管などの位置を把握しながら予行練習ができるわけです。

さらには、培養して増やした細胞を**「バイオ3Dプリンター」**にかけて目的とする臓器や組織の形状に作り上げ、それを移植する動物実験が進んでいます。軟骨、食道、気管、膀胱、肝臓、心臓などが研究されています。

血管や末梢神経については、実際の人間に移植する臨床研究もすでに始まっています。佐賀大学では、バイオ3Dプリンターを用いた細胞製人工血管を人間に移植するという、世界初の再生医療の臨床研究が進んでいます。

再生医療で臓器移植が身近になる!?

医療関係で私が今気になっているトピックは、**移植が可能な臓器をどれだけつくれるようになるか**ということです。

人間は臓器を損傷すると健康を損ね、最悪の場合は死につながってしまいます。臓器提供を受けようとすると、現在は脳死判定を受けた人からの提供、心停止になった人からの提供、健康な人からの提供（生体移植）という3つの手段しかありません。生体移植とは、腎臓なら2つあるうちの1つを提供してもらったり、肝臓や肺、小腸ならその一部を提供してもらったりするものですが、提供する側には身体的負担がかかります。

また日本では臓器提供の3つの手段いずれでも提供者が非常に少なく、臓器移植希望者のわずか2パーセントしか移植を受けられていないという現状があります。

今後臓器を人工的に作製し移植することができるようになれば、**さまざまな病気やケガ**

から回復できる患者が増えることが期待できます。

臓器の作製は、バイオ3Dプリンター以外にもさまざまな手法が研究されています。ブタの臓器を人間に移植する研究も進んでいます。アメリカのペンシルベニア大学などで、遺伝子を操作したブタの肝臓を脳死状態の患者の体につなぎ血液を循環させるという臨床研究が行われました。すると患者の状態が72時間もの間安定したといいます。

また、山中伸弥さんがノーベル賞を受賞した世紀の発見「iPS細胞」から臓器をつくる再生医療も、基礎研究や臨床試験が進んでいます。再生腎臓や再生角膜、再生心筋などです。

医療は急速に進化しているため、明るい未来につながることが期待できます。

また、人工の臓器を手軽につくって移植できるようになれば、いずれは**劣化や老化した臓器をどんどん取り換えながら長生きする**こともできるようになるかもしれません。そのときには、人間の「生きる」という概念自体が変わることでしょう。

ただし幸か不幸か、脳は移植が困難なうえに、脳の神経細胞（ニューロン）には寿命があります。世界最高齢として記録に残る人たちは、だいたい120歳前後の寿命ですが、これは脳の神経細胞の最大寿命に近いからだといわれています。そのため他の臓器がどんなに健康でも「永遠の命」は得られず、人間は120歳前後で亡くなることになります。不思議なのは、旧約聖書に「神が人間の寿命を120歳にした」と書いてあることです。旧約聖書は紀元前10世紀から紀元前1世紀にかけてまとめられた経典です。今よりも平均寿命が大幅に短かった時代で、今のように120歳まで生きた人がいたとは考えにくいのに、人間の寿命を「120歳」と見事に言い当てています。

2040年までに、あらゆるウイルスに効くワクチンが開発される

新型コロナウイルス感染症(新型コロナ)のパンデミックを機に、「mRNA(メッセンジャーRNA)ワクチン」が実用化され、新型コロナを予防するワクチンとして世界中で利用されました。

mRNAワクチンとは、ウイルスの周りにある突起(スパイクたんぱく質)の設計図(mRNA)のみをコピーして脂質で包んだものです。ワクチン接種でmRNAが体内に

入ると、人体がｍＲＮＡのもつ設計図どおりに自らウイルスの突起部分である「抗原」を作り出し、次にその突起に対応する「抗体」を作るという仕組みです。

このｍＲＮＡワクチンは、新型コロナウイルスだけでなくさまざまなウイルスによる病気のワクチンとして使えるとみられています。突起の設計図（ＲＮＡ）をそれぞれのウイルスのものに変えるだけで、それぞれのウイルスに適したワクチンが作れるからです。

ただし新型コロナやインフルエンザのようにＲＮＡの変異のスピードが速いウイルスの場合、その変異スピードと流行速度に対し、ウイルスのゲノム（全遺伝情報）解析およびワクチン開発が追い付かない場合があります。

そこで今、さまざまな変異株にも効く**「万能ワクチン」**の研究も世界中で進められています。突起以外のウイルスたんぱく質も抗原として認識するワクチン、大きさも形も本物のウイルス粒子にそっくりのたんぱく質を体内に入れて抗原とする「フェリチンナノ粒子（ＦＮ）ワクチン」などです。

２０４０年には未知の病気が発生しても、それがウイルス性のものであればすぐさま**万能ワクチンを打って予防できる**、という夢のような世界が訪れている可能性が高そうです。

遺伝医療の光と影

遺伝医療（ゲノム医療）の分野での研究や技術も、驚くべき速度で進展しています。遺伝医療が必要な患者にとっては、大きなメリットがあります。

たとえばアメリカのハリウッド俳優アンジェリーナ・ジョリーが、乳がんや卵巣がんを予防するため、乳房や卵巣、卵管を切除する手術を受けたことは有名です。彼女は母方の祖母、母、叔母が乳がんや卵巣がんで亡くなっていたことから遺伝子検査をしたところ、細胞のがん化を防ぐがん抑制遺伝子に、生まれつき異常があることがわかりました。がんの原因の多くは生活習慣や環境ですが、5〜10パーセントは遺伝性のもので、彼女はこの遺伝性のがんになる確率が高かったというわけです。何もしなければ87パーセントの確率で乳がんに、50パーセントの確率で卵巣がんになると診断されたため、がんを防ぐためにあらかじめ手術で切除したのです。

アメリカでは、遺伝医療が必要な患者や家族に対し、治療やリスクの低減、健康維持のための判断材料を示す**「遺伝カウンセラー」**が、約４７００人います（２０１９年時点）。

日本では23年4月時点で、遺伝カウンセラーはまだ３５６人しかいません。今後２０４０年に向けて、日本でも増加していく職業になるでしょう。

またより高度な遺伝医療として、がん患者が、がんの発症などとの関連があるとみられる３００あまりの遺伝子の変異を調べる「遺伝子パネル検査」を受け、その変異に対応する「分子標的薬」の投与を受けたことで、がんの症状が改善したという事例が出てきています。

今の段階では遺伝子パネル検査を受けた人のうち、対応する治療薬があって治療を受けられる患者は1割程度ですが、今後さまざまながんの治療薬が開発されてくれば、個人の体質に適した効果的ながん治療が受けられるようになることでしょう。

遺伝医療によって病気を予防したり治したりできるようになれば、多くの人にとって明るい未来が到来します。一方で暗い未来の訪れも懸念されます。**遺伝子によって、新たな差別が生まれてしまう**ことです。

今、マッチングアプリや結婚相談所などを利用して自分の望む条件の人と出会い、結婚・出産をする人が増えています。そうした婚活の場では、「持病のない人を希望します」といった条件を提示する人はもともと多いのだそうです。

それが今や、「事前にお互いの遺伝子情報を交換して、相性が良い人とマッチングする」というサービスまで出てきています。これが一般化してしまうと、たとえば結婚を考える男女がそれぞれ遺伝子診断をして、健康なら結婚をするけれど、難病になりやすい遺伝子を持っている人とは結婚しないといった、遺伝子に対する差別が起きかねません。

そうした差別は、命に優劣をつける**「優生思想」**につながる危険のある、倫理的に大きな問題です。20世紀のナチス・ドイツは優生思想のもと、障がい者や病人、そして劣等民族だと勝手に決めつけたユダヤ人やロマの人たちの大量虐殺を行いました。日本でも、1948年から96年まで「優生保護法」という法律がありました。「優生上の見地から、不良な子孫の出生を防止する」として、障がい者やハンセン病患者などに対し、中絶や不妊手術を強要することを可能とする法律でした。

遺伝医療の発達が、かつての誤った道へと社会を揺り戻してしまわないか、注視していく必要があります。

妊娠・出産を巡る遺伝医療 新型出生前検査

妊娠・出産を巡っては、すでに遺伝医療の存在感が高まっています。

生まれる前の胎児に遺伝的な異常（ダウン症などの原因になる3つの染色体異常）がないかどうか、妊娠10週から16週ごろの妊婦への血液検査で調べることができる**「非侵襲性出生前遺伝学的検査（NIPT、新型出生前検査）」**は、実施を希望する人がどんどん増えています。しかし診断を受けた結果が陽性で、「障がいのある子どもが生まれてくる可能性が高い」とわかったとき、出産するのか中絶を選択するのか、当事者は非常に思い悩むことになるという難しい問題を抱えています。

そこで日本医学会では、NIPTに関する正しい情報を提供し、検査前後に遺伝カウンセリングを行う仕組みが整った医療機関を「認証施設」とし、そこでのNIPTの実施を推奨しています。血液検査だけでは偽陽性が出る可能性もあるので、より正確な確定診断の出る「羊水検査」も案内されます。また認証施設は「出生前コンサルト小児科医」とも連携しており、障がいのある赤ちゃんを育てるための医療や福祉などの情報を提供しています。

ＮＩＰＴは本来、出生前に胎児の異常を把握し、障がいのある子どもの出産や子育てに対し準備をするための検査と位置づけられています。安易に検査を受け、障がいがある子は中絶しようという「命の選別」が増えるのを防ぐため、認証施設の制度によってきめ細かなフォローができる仕組みを整えようとしているのです。

しかし実際には、インターネットから申し込めるなど認証施設よりも手軽な「非認証施設」が急増しています。それに伴い、非認証施設でＮＩＰＴを受けて陽性という思いもよらない結果が出て、相談先もないまま個人で思い悩み、確定診断もせず中絶を選んでしまうような人も増えてきており、問題になっています。

妊娠・出産を巡る遺伝医療
着床前検査

女性の初婚年齢や初産年齢が先進国で上昇するに伴い、不妊治療も身近になりました。世界で初めて体外受精によって子どもが生まれたのは、1978年のことでした。体外受精とは、卵子と精子を体外で受精させ、受精卵（胚）に育ててから子宮に戻す不妊治療のひとつです。当初は「試験管ベビー」とも言われ、「生殖という神の領域に人間が踏み込んでいいのか」と世界的に大きな論争が巻き起こりました。

しかし不妊に悩む人たちにとっては、子どもをもつために**体外受精**という手段ができたことは朗報でした。次第に世間に受け入れられるようになり、体外受精を成功させたロバート・エドワーズは、2010年にノーベル医学生理学賞を受けています。

日本でも体外受精で生まれる子どもは年々増え続け、22年4月からは公的医療保険の対象となりました。21年に日本で体外受精によって生まれた子どもの数は、6万9797人と過去最多となり、累計では約84万人に上っています。

体外受精では、複数の受精卵ができたときにはその中からより健康そうな受精卵を選びます。基本的には受精卵の「見た目」、すなわち受精卵の発育のスピードや細胞の密度などを基準として選ぶのです。

そして現在「着床前検査」という、受精卵の細胞の染色体を解析し、不妊や流産につながる染色体の異常がない受精卵を選ぶ検査の臨床研究が行われています。流産や死産を繰り返してしまうことは女性の心身に大きな負担ですから、そうした体質の人にとっては、妊娠しやすい受精卵を科学的に調べられるようになるのは有意義でしょう。

デザイナーベビーが誕生するかもしれない未来について考える

移植が必要な難病に侵されている兄や姉を救うため、着床前検査によって移植に適した型の受精卵を選び、妊娠・出産される子どももいます。1990年代から着床前検査が本格化した欧米で、徐々に増えています。彼らは**「救世主ベビー」**なのか、親が望む子をデザインして生まれた**「デザイナーベビー」**なのか、という論争が繰り返されてきました。しかし近年では、国が定めた遺伝性の病気をもつ兄姉のためなら、と認める国が増えつつあります。

さらに今後は、ゲノムという遺伝情報の編集技術が進歩したことで、**親の望むような身体能力や知能、外見などになるようゲノムをあらかじめ編集された「デザイナーベビー」が誕生する可能性もあります。**

2018年の香港での国際会議で、中国人研究者が「ゲノム編集した受精卵から双子が生まれた」と世界初のデザイナーベビー誕生を発表し、懸念や批判が殺到しました。

ゲノム編集によって遺伝的な病気を防ぐことができるようになるならばいいのでは、と期待する人もいる半面、それがエスカレートしてしまう懸念は拭いきれません。

明るい未来と暗い未来は表裏一体で、医療技術が進めば進むほど、倫理的な問題が表面化してきます。それぞれのテクノロジーの進歩に合わせた倫理観をつくっていく必要があり、そのためにはていねいな議論を続け、社会的な合意形成を図るほかありません。

テクノロジーの発達により医療費が高額になる

先進医療に関しては、これまで治療が難しかった人の治療が可能になるという期待が高まる一方で、**医療費が高額になってしまうという問題**があります。

日本は「国民皆保険」で皆が健康保険に入っており、医療費の窓口負担割合は最大で3割です。また同一月にかかった医療費の窓口負担額が高額になった場合に健康保険から払い戻しを受けられる「高額療養費」制度や、1年間で高額な医療費を支払った場合に確定申告で税金が戻ってくる「医療費控除」制度もあります。

患者にとっては医療費の負担が抑えられるというメリットがある一方で、多くの人が先進医療を受けるようになれば、健康保険料や税金といった財源が圧迫されてしまうという問題があるのです。

２０１９年に日本で認可された白血病の治療薬「キムリア」は、約３２６５万円もします。年収５００万円の会社員がキムリアを使うと、高額療養費制度で自己負担は約40万円となりますが、その差額となる約３２２５万円は、国民が払っている健康保険料や税金で負担することになる計算です。こうした例が急増すれば、へたをすると健康保険の財源があっという間にパンクするという事態にも陥りかねません。

また先進医療や新薬があまりにも高額であれば、**金銭的に余裕のある人は治療を受けられるけれども、余裕のない人は高度な治療を受けられないという格差も生まれる**でしょう。

高額な新薬は次々と登場しています。20年に日本で認可された脊髄性筋萎縮症に対する遺伝子治療薬「ゾルゲンスマ」は約1億６７０７万円でした。22年にアメリカで承認された血友病治療薬「ヘムゲニクス」は、３５０万ドル（約5億２５００万円）もします。

今注目されているのは、23年12月に保険適用が決まったアルツハイマー病治療薬「レカネマブ」です。体重50kgの人で年間費用が約300万円になります。レカネマブは、脳に溜まると脳の神経細胞を壊してしまう「アミロイドβ」というたんぱく質を取り除き、アルツハイマー病の発症を抑えたり、進行を7・5カ月ほど遅らせたりする効果が期待できますが、アルツハイマー病を完全に治すことはできません。

年間300万円で進行を7・5カ月遅らせるというのは、費用対効果としてどうなのか。これもまた、倫理観が絡む問題です。

年齢によって変わる医療費の窓口負担額

先ほど、「医療費の窓口負担割合は最大で3割」と書いたのは、**年齢や所得に応じて負担額が違うから**です。

現在、小学校就学後から70歳未満の人と、70歳以上の現役並み所得者は、窓口負担割合が3割となっています。就学前の子どもと70歳以上75歳未満の人は2割負担、75歳以上の一般所得者は1割負担となっています。

また75歳以上でも、一定以上の所得（同じ世帯の被保険者の中に課税所得が28万円以上の人がいるとき、かつ「年金収入＋その他の合計所得金額」が単身世帯の場合200万円以上、複数世帯の場合合計320万円以上）がある人は、2022年10月から、医療費の窓口負担割合が2割になりました（ただし25年9月までは外来の負担増加額を月3000円までに抑える配慮措置があります）。

高齢化が進む中で、高齢者にもなんとか医療費を負担してもらい、国民皆保険という医

医療費の一部負担（自己負担）割合について

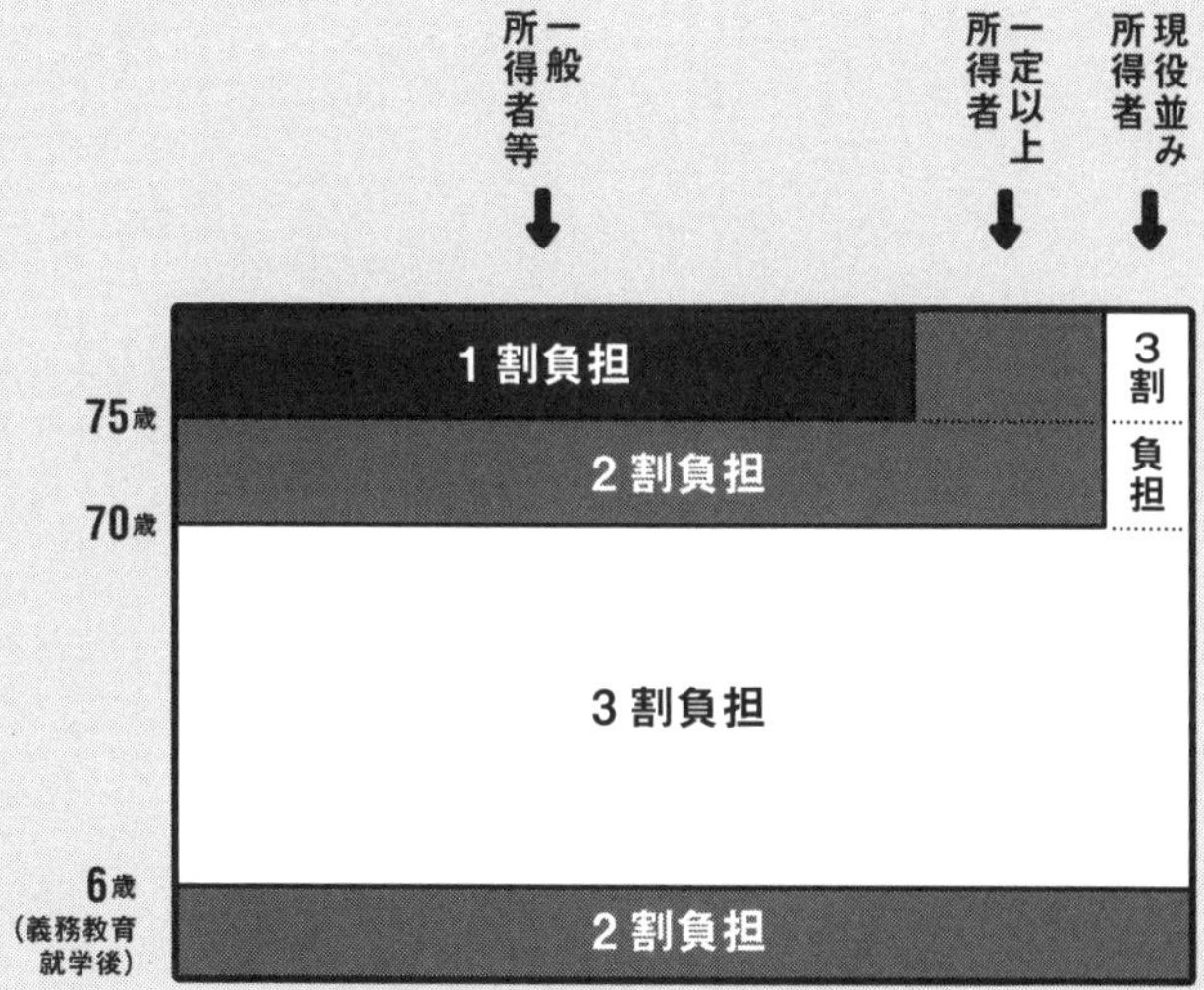

※厚生労働省「医療費の一部負担（自己負担）割合について」をもとに作成
https://www.mhlw.go.jp/content/000937919.pdf

療制度を将来にわたって維持しようと苦心しているのです。

少子化への対策として、自治体ごとに乳幼児や児童の医療費を無料にする施策も広がっています。

国民みんなで、病気やケガなどの「いざというとき」に備える保険という仕組みは、支え合いという観点でとても素敵なことです。

県を挙げて健康づくりに取り組む滋賀県

滋賀県は、2020年における男性の平均寿命が82・73歳で全国1位、女性が88・26歳で全国2位という長寿県です。1975年の都道府県別順位は男性22位、女性37位とふるわなかったものの、県を挙げて20年以上健康づくりに熱心に取り組んできた結果、長寿県となりました。

ポイントは、たばこを吸わない、多量の飲酒をしない、食塩の摂取量を抑える、意識的に運動をするといった、基本的な生活習慣の改善でした。それだけで寿命は延ばせるのだということです。

一方で沖縄県は、2020年の男性の平均寿命は80・73歳で全国43位、女性は87・88歳で全国16位です。1985年には男女ともに1位の長寿県だったのに、大きく順位を下げてしまいました。

ただ年齢別の平均余命では、沖縄県の75歳では男性が全国2位、女性は全国1位と、い

平均寿命の年次推移

[男性]

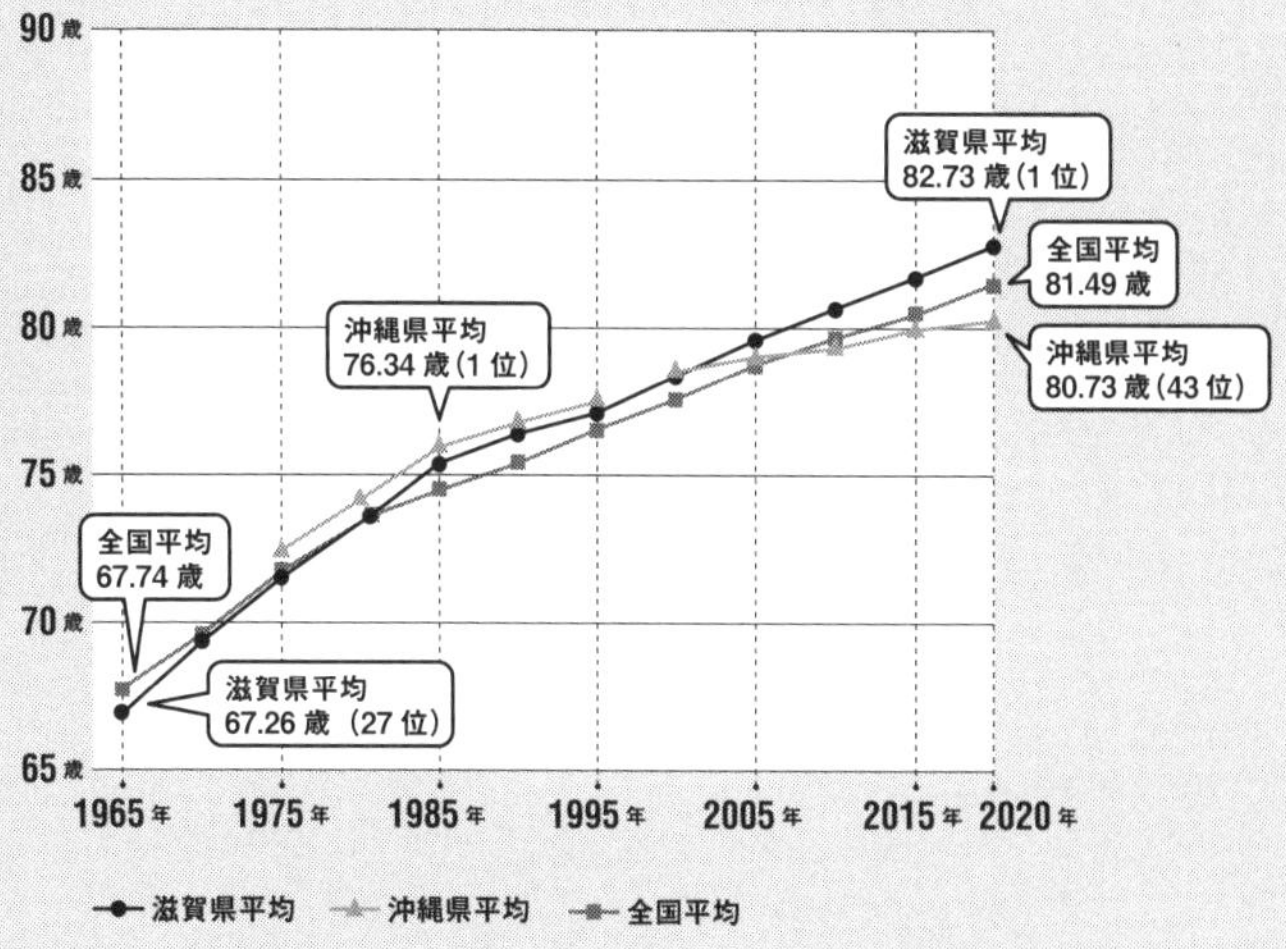

[女性]

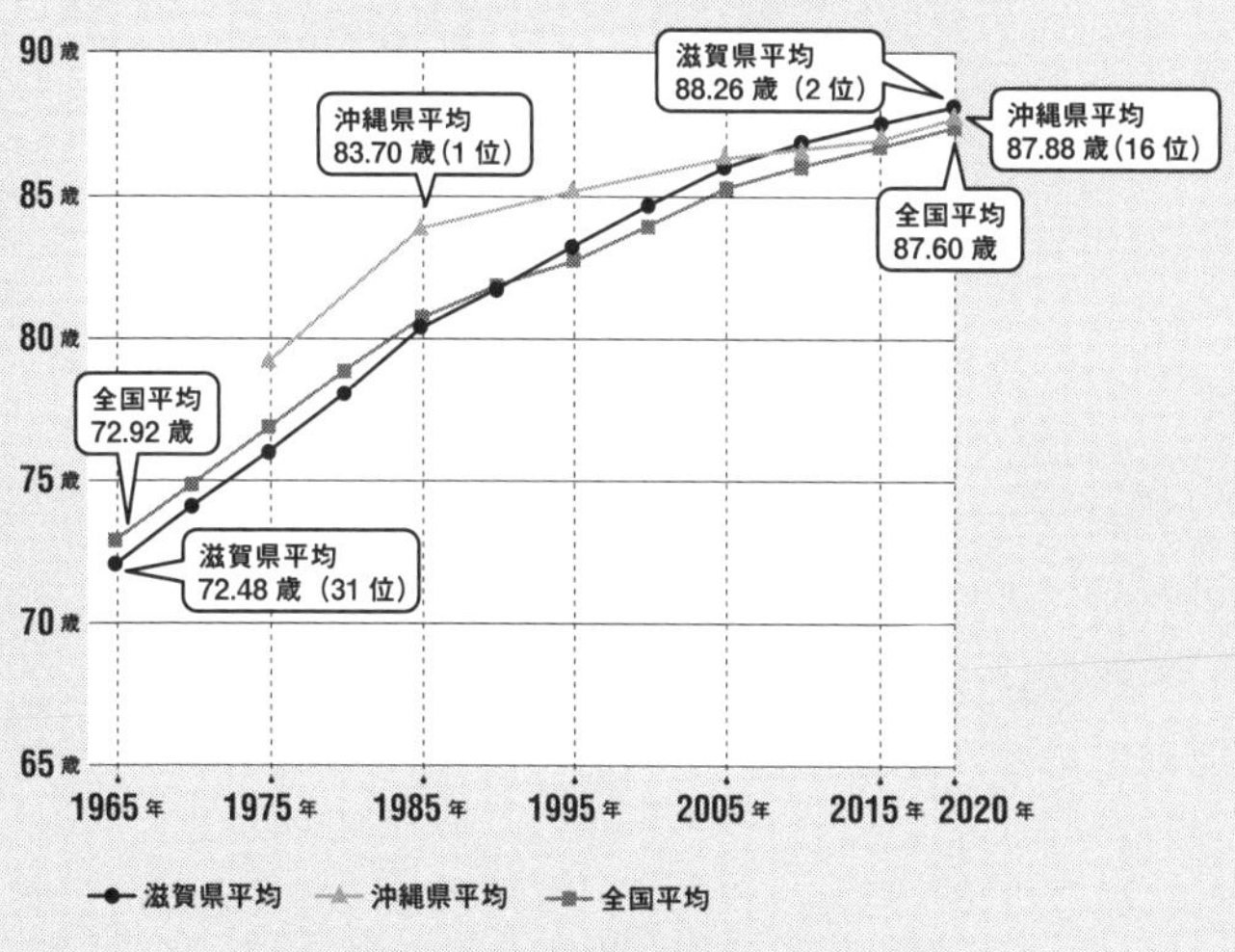

※厚生労働省「令和２年都道府県別生命表の概況」をもとに作成
備考：1965年は沖縄県を含まない

まだ上位に位置しています。悪化しているのは、若年層の男性の健康です。沖縄県の40歳男性の平均余命は41・71年で全国43位、20歳男性の平均余命が61・08年で全国43位と、若年層ほど寿命が短くなる傾向になっているのです。

原因として、沖縄県では生活習慣病やその合併症による死亡率が高いことが挙げられます。またメタボリックシンドローム該当者の割合は全国ワーストなうえに、30代から50代の男性は2人に1人が肥満となっています。健康診断でなんらかの異常が見受けられた人の割合も72・1パーセントで、12年連続で全国ワーストとなっているのです。

これは戦後のアメリカの占領下において、ファストフードが急速に広まった結果、肥満が増え、健康を損ねる人が増えてしまったということです。アメリカ人のような食生活は、長生きするには不適切だということです。

また、沖縄県の死因別年齢調整死亡率で、男女ともに肝疾患が全国1位となっています。アルコール度数の高い泡盛などを中心に、飲酒によるアルコール摂取量が過剰になってしまっていることも、寿命低下の一因です。

「たばこを吸わない世代」誕生を目指すイギリス

イギリス政府は、国民の死因で最も多いものは喫煙だとして、２００９年1月1日以降に生まれた人へのたばこ販売を禁止する法律を導入しようとしています。この法律が成立すれば、２０４０年にはイギリスで30歳以下の喫煙者がいなくなることになります。

世界ではたばこのパッケージをグロテスクにし、購入意欲を失くさせようという取り組みが進んでいます。真っ黒な肺や、がんの病巣などがカラーで印刷され、「たばこを吸い続けるとこんなに恐ろしい事態になるぞ。吸うな。買うな」ということをアピールしています。

それでもたばこを買って吸う人は後を絶たないわけですから、若いうちから吸わせないようにしようというイギリスの政策は、意義あることだといえるでしょう。

健康寿命が延びれば超高齢社会でも未来は明るい

医療費を抑えるためにも、大切なのは健康寿命です。寝たきりになって長生きするというのは、本人も看病する周囲も、患者自身の心身の面でも医療費負担の面でも、非常に大変です。健康寿命が延び、みんなが元気に長生きをし、働いて税金を納め続けられるようになれば、超高齢社会であっても日本は明るい未来を迎えることができるでしょう。病気を早期発見・早期治療できるテクノロジーの進化は、健康寿命の延伸に寄与します。

たとえば今、日本では**「AIトイレ」**の研究が進められています。便座の裏側にカメラが組み込まれており、便を撮影して画像認識技術によってその形状を判定、記録するというものです。

研究のきっかけは、高齢者施設で介護スタッフが入所者の排便状況の確認作業をするのが大変だったことだそうです。また入所者も、いちいち排便状況を記録することが面倒だったり困難だったりしました。こうした両者の悩みを解決する技術として、ＡＩトイレというアイデアが生まれたのです。

またこのＡＩトイレは便の形状だけでなく、そこに含まれる成分もセンサーで分析し、データをＷｉ－Ｆｉでクラウドに集約し解析できます。そして毎日の健康状態をスマートフォンなどで確認でき、異常があれば診断を促すアラートを送ることができるそうです。高齢者施設のみならず、広く一般に利用されるようになれば、定期健康診断で検便をする手間も省けますし、何より病気の早期発見・早期治療に大いに役立ちそうです。

未来を大胆予想！ 健康編

明るい未来

健康意識の高まりにより生活習慣病が減少。テクノロジーの進化によって病気を早期発見。臓器を損傷しても人工臓器ですぐに回復。健康寿命が延びる。

高齢者が超高齢者を介護する時代にはなるけれど、高齢者も元気に働き続けることができ、日本経済が活性化する。

池上彰が明るい未来、暗い

暗い未来

医療テクノロジーの進化に法整備が追い付かず、個人の倫理感が問われる時代に。出会い系サイトでは互いに遺伝子検査の結果を提出するアプリが流行、婚活は殺伐としたものになる。ゲノム編集した子どもを望む人も急増。結婚・出産に対する価値観の違いはさまざまな断絶を生み、結婚や出産を否定的に考える人が急増、少子化はさらに加速する。

「終章」明るい未来は自分でつくる

人脈を築き勉強をしよう

この本を手に取ったあなたは、未来への不安を多少なりとも感じているのではないかと思います。

「ＡＩに仕事を奪われるのかも」「今の仕事を定年まで続けられるのだろうか」「スマホに囲まれて育つ子どもたちは、自分たちの時代と違ってどんなふうに育つんだろう」「自然災害に遭ったらどうしよう」「わが家の家計は維持できるのか」「人口減少でこれからの日本はどうなってしまうんだろう」「人生100年時代の健康って？」などなど。**不安というものは、日常生活を送るうえでは紛れていても、一旦考え始めるとつい次から次へと出てくるものです。**

仕事に関するアドバイスをするとすれば、16年後も社会からずっと必要とされ、働き続けることのできる人材となるために、まずは幅広い人脈を築くことを心掛けてください。自社の仲間とばかり食事に行ったり飲みに行ったりするのではなく、会社の外に人脈をつくるのです。

たとえば私は54歳で早期退職制度を使い、NHKを退職しました。そのとき、親しい出版社の編集者から、「今辞めたって、ノンフィクションでなんか食っていけないぞ。まだNHKにいて、NHKの看板を背負いながら本を書いたほうがいい」とアドバイスをもらいました。「いやいや、今私はとにかくフリーになりたい。辞めたいんだ」と伝えたら、今後の生活を心配してくれて、週刊誌のニュース解説コラムの連載という仕事を手配してくれました。

このときは講談社と集英社から1冊ずつ、本の書き下ろしという仕事の依頼も受けていましたが、本は書き上げて発売してから印税が入るので、一旦まったくの無収入状態となることを覚悟していたのです。そんな中で連載記事の原稿料がもらえると決まったことで、精神的に大きな安心材料になりました。

こう考えると、私は会社の外に知り合いがいたからこそ、思い切ってフリーランスになることができたと思います。そうした人脈がどんどん広がり、仕事につながっていくことで、今73歳になっても働くことができているという、ありがたいことが起きています。働き盛りで日々が忙しい人こそ、普段から意識して人脈を広げ、**人生100年時代にも生涯現役で働き続けられる素地をつくっておいてほしい**と思います。

また私がNHKにいた頃の話ですが、1989年、39歳のときに人生の転機が訪れ、社会部の報道記者から「イブニングネットワーク首都圏」というニュース番組のキャスターになりました。社会部時代は多忙で、朝早くから夜遅くまで仕事に明け暮れる働き方をしていました。ところがキャスターになると、毎日決まった時間に生放送があり、終われば家に帰れる、規則正しい生活になったのです。

そこでNHKラジオでビジネス英語を聴いて、英語の勉強を始めました。せっかく規則正しい生活ができるんだし何か勉強したほうがいいよね、ラジオならお金がかからないな、という軽い気持ちで勉強を始めたのです。そのときには、将来国際的な仕事をしようなんてまったく思ってもいませんでした。

しかし巡り巡ってその後フリーランスのジャーナリストとなり、何十カ国もの国を訪れて取材することになり、このときに英語を身につけておいたことが大変役に立ちました。

世間では「リスキリング」「リカレント」といった言葉が流行っていますが、つまりは**いくつになっても自分を磨くために、勉強は大事だ**ということです。

時間を見つけて自分の興味のあることを学び続けていけば、大いに自信もついて、未来への漠然とした恐怖も薄れるのではないでしょうか。

明るい未来は自分でつくる

仕事、教育、自然災害、暮らし、健康……。この本ではさまざまな切り口から、2040年以降の日本の未来予測を立ててきました。

それぞれのテーマに関する「明るい未来」と「暗い未来」を予測してみました。あなたはどんな感想を抱いたでしょうか。

このまま有意義な対策を何もしなければ、こんな暗い未来が訪れてしまう。こうならないようにするためには、私たちはどうしたらいいだろうか。今ある条件をうまく生かすことによって、こういう明るい未来があり得るんだよ。

こうして具体的に想像を巡らせてみることが、未来を考える意義であり、大事なことなのではないでしょうか。そしてさらに大切なことは、「２０４０年は明るい未来になるのかな？　暗い未来になるのかな？」とまるで**他人事のように考えず、できることから自分で行動する**ということです。

経営学者のピーター・Ｆ・ドラッカーは、**「未来を予測するいちばん良い方法は、自分で未来をつくることだ」**という名言を残しています。未来がどうなるのか予測しても、当たるかどうかなんて誰にもわかりません。わからないことに対して悩むのではなく、むしろ自分が思い描く「明るい未来」を、自らつくっていってほしいと思います。

明るい未来も暗い未来も、結局は一人ひとりの人間に、この本を読んだあなたに、かかっています。

そして、この形の本にするに当たっては、氏家菜津美さんと小泉明奈さんに御世話になりました。感謝しています。

２０２４年６月　池上彰

参考文献（登場順）

※本文中に出典明示した文献、データは省略

【書籍】

・池上彰
『池上彰が大切にしているタテの想像力とヨコの想像力』
講談社＋α新書　2023年

・日本経済新聞社（編）
『「低学歴国」ニッポン』（日経プレミアシリーズ）
日本経済新聞出版　2023年

・『竹取物語』

・島澤諭　『年金「最終警告」』　講談社現代新書　2019年

【雑誌】

・『Between』2019年 9-10月号
「N高等学校 通信制×ネットの個別最適な学びで情熱を生む」

【WEB】

・「三つの判決における教育権の論理」味岡良平,「教育行財政研究」（6巻 1977）
https://www.jstage.jst.go.jp/article/kansaisea/6/0/6_2/_pdf/-char/en

・「クオータ制発祥の国ノルウエー」
三井マリ子,「国際女性」No.27（2013）
https://www.jstage.jst.go.jp/article/kokusaijosei/27/1/27_69/_pdf/-char/ja

・「IoT住宅で何ができるの？」（LIXIL オーナーズクラブ 住み人オンライン）
https://owners.lixil.co.jp/articles/livingroom/206/

Your Future

After 2040:

池上 彰（いけがみ あきら）

1950 年、長野県松本市生まれ。慶應義塾大学卒業後、1973 年に NHK 入局。報道記者としてさまざまな事件、災害、消費者・教育問題などを担当。1994 年からは 11 年にわたりニュース番組のキャスターとして「週刊こどもニュース」に出演。2005 年よりフリーのジャーナリストとして執筆活動を続けながらテレビ番組などでニュースをわかりやすく解説し、幅広い人気を得ている。また、5 つの大学で教鞭をとる。『池上彰が大切にしているタテの想像力とヨコの想像力』（講談社）『池上彰のこれからの小学生に必要な教養』（主婦の友社）など著書多数。

【 STAFF 】

取材　小泉明奈
ブックデザイン　加藤京子（sidekick）
イラスト　つまようじ
校正　鷗来堂
本文 DTP　天満咲江
編集　氏家菜津美（主婦の友社）

池上彰《いけがみあきら》の未来予測《みらいよそく》　After 2040

2024年7月31日　第1刷発行

著　者　池上《いけがみ》 彰《あきら》
発行者　丹羽良治
発行所　株式会社主婦の友社
〒141-0021 東京都品川区上大崎3-1-1 目黒セントラルスクエア
電話　03-5280-7537（内容・不良品等のお問い合わせ）
049-259-1236（販売）
印刷所　中央精版印刷株式会社

ISBN978-4-07-454209-3

■本のご注文は、お近くの書店または主婦の友社コールセンター（電話0120-916-892）まで。
＊お問い合わせ受付時間　月〜金（祝日を除く）　10:00 〜 16:00
＊個人のお客さまからのよくある質問のご案内　https://shufunotomo.co.jp/faq/